Education in China
From the Perspective
of People's Livelihood

民生视角谈教育

佘 宇 编著

中国发展出版社
CHINA DEVELOPMENT PRESS

图书在版编目（CIP）数据

民生视角谈教育/佘宇编著．—北京：中国发展出版社，2016.2
ISBN 978-7-5177-0465-2

Ⅰ.①民…　Ⅱ.①佘…　Ⅲ.①教育工作—研究—中国　Ⅳ.①G52

中国版本图书馆 CIP 数据核字（2016）第 017665 号

书　　　名：民生视角谈教育
著作责任者：佘　宇
出 版 发 行：中国发展出版社
（北京市西城区百万庄大街 16 号 8 层　100037）
标 准 书 号：ISBN 978-7-5177-0465-2
经　销　者：各地新华书店
印　刷　者：北京市密东印刷有限公司
开　　　本：700mm×1000mm　1/16
印　　　张：11.75
字　　　数：140 千字
版　　　次：2016 年 2 月第 1 版
印　　　次：2016 年 2 月第 1 次印刷
定　　　价：30.00 元

联 系 电 话：（010）68990630　68990692
购 书 热 线：（010）68990682　68990686
网 络 订 购：http://zgfzcbs.tmall.com//
网 购 电 话：（010）88333349　68990639
本 社 网 址：http://www.develpress.com.cn
电 子 邮 件：bianjibu16@vip.sohu.com

自序

民生视角谈教育

教育是民族振兴和社会进步的基石。从经济增长角度来看，教育影响人力资本的积累和提升；从个人发展角度来看，教育关乎起点公平。党的十七大报告指出："必须在经济发展的基础上，更加注重社会建设，着力保障和改善民生，……努力使全体人民学有所教、劳有所得、病有所医、老有所养、住有所居，推动建设和谐社会。"党的十八大报告进一步指出："要多谋民生之利，多解民生之忧，解决好人民最关心最直接最现实的利益问题，在学有所教、劳有所得、病有所医、老有所养、住有所居上持续取得新进展，努力让人民过上更好生活。"可见，在党的重要文件表述中，学有所教已被列为五大民生之首。因此，坚持教育优先发展，全面贯彻党的教育方针，大力促进教育公平，不断提高教育质量，努力办好人民满意的教育，对于持续推进民生改善和社会建设意义重大。

改革开放以来，我国教育事业发展迅速，取得了"两基达标"、15 岁以上人口平均受教育年限接近 9.1 年等重大成果。国民受教育水平的迅速提高，为我国工业化、城镇化的顺利推进奠定了重要的人力资源基础，对促进经济增长发挥了重要作用。2010年颁布的《国家中长期教育改革和发展规划纲要（2010－2020年）》（以下简称《教育规划纲要》），对我国未来10年的教育发展进行了总体部署。《教育规划纲要》实施5年以来，各级各类教育发展水平得到整体提高，教育体制改革全面推进，一些领域取得重点突破，教育保障能力切实增强，教育现代化迈出坚实步伐，我国教育事业迈上新的台阶。但是，正如上海教科院牵头的联合评估组指出的那样，5年来教育改革发展虽然取得了巨大成就，但同时还存在一些困难和问题，与人民群众对优质教育资源的热切期望比，与经济社会发展对多样化、高层次人才的需求比，与国际教育先进水平相比，还存在差距。主要表现在：教育发展还存在不平衡、不协调的问题，特别是城乡、区域、校际之间教育差距仍然较大，教育质量有待进一步提高，教育结构有待进一步优化，教育活力有待进一步激发，教育保障有待进一步加强，等等。这些都是深化教育领域综合改革需要努力的方向，也是政策咨询研究人员需要继续关注的内容。

本书收录了2012～2015年笔者在《人民日报》、《经济日报》、《中国经济时报》、国研网、中国经济网等媒体公开发表及接受采访的部分涉及教育话题的文章，共计16篇。这些文章大体分为以下几类：一是长篇专访，如“改善教育民生需要注意轻重缓急”、“如何实现农村学前教育可持续发展”；二是媒体访谈，如“养老与教育领域，难题如何破解”、“早期干预，阻断贫困第一关”；三是报刊专稿，如“财政补贴社保，实现高校毕业生稳定就业”、“义务教育资源如何均衡配置”；四是课题报告，如“城镇化进程中的教育权利问题”、“建立教师流动制度：担忧、障碍与建议”。从内容上看，既有对相关教育政策的解读，也有对教育热点问题的讨论；既有对教育事业发展的回顾，也有对相关领域改革的思考。从形式上看，既有上万言的深入分析，也有千余字的观点阐述；既有专栏式的一家之谈，也有沙龙式的各抒己见。而且，这些文章均基于笔者这些年承担或参与的课题研究，除了学前教育、民办教育等已经结集出版的专题研究报告未收录外，部分主题相似、略有删减的文章——如“用制度设计杠杆撬动教师流动”（《中国教育报》2013年9月19日）、“让中小企业成为大学生稳定就业主渠道”（《经济日报》2013年8月19日）——也未收录。不仅如此，为保持“原汁原味”，收录的16篇文章完全按照媒体公开发表及采访的时间先后予以排序，内容、形式均未进行修改。

最后，本书呈现给各位读者的仍然是阶段性研究成果，相关判断、结论以及政策建议仅代表笔者个人观点，且有待进一步完善，敬请大家批评指正。

佘　宇

乙未冬至于北京

目 录

改善教育民生需要注意轻重缓急

中共中央政治局常委、国务院总理温家宝2012年9月7日在全国教师工作暨“两基”工作总结表彰大会上指出，教育公平是社会公平的基石，完成了“两基”攻坚这一历史性任务，我国教育发展站在了新的历史起点上，今后要适应人民群众接受更好教育的新期盼，把教育发展的重点放到提高质量、促进均衡发展上来，加快实现基本教育公共服务均等化。

学有所教是党的十七大报告所列的民生之首，因此，解决关键问题、加快推进教育事业改革和发展在保障和改善民生中尤为重要。改革开放以来，我国教育事业发展迅速，取得了“两基达标”、15岁以上人口平均受教育年限约9年等重大成果。2010年颁布的《国家中长期教育改革和发展规划纲要（2010－2020年）》（以下简称《教育规划纲要》），对我国未来10年的教育发展进行了总体部署。但需要认识到，我国教育事业发展现状与全面小康目标、与最广大人民群众的需求还有不少差距，“上学

原文载于《国研网》专家访谈，2012年9月26日。

难、上学贵”仍然在所难免,《教育规划纲要》的落实也还存在诸多制度障碍。因此,需要对教育领域的关键问题进行专门研究,以发现未来教育发展的重点和解决关键问题需要克服的制度障碍。就此,国研网专访了国务院发展研究中心社会发展研究部第三研究室副主任佘宇。

国研网:党的十七大报告指出:“必须在经济发展的基础上,更加注重社会建设,着力保障和改善民生,努力使全体人民学有所教、劳有所得、病有所医、老有所养、住有所居,推动建设和谐社会。”可见,学有所教被列在五项民生之首。那么,我国教育事业发展的基本现状又是怎样?

佘宇:学有所教就是要优先发展教育,促进教育公平,全面贯彻党的教育方针,办好人民满意的教育。坚持教育的公益性和普惠性,明确各级政府提供教育公共服务的职责,不断完善现代国民教育体系和终身教育体系,保障人民享有接受良好教育的机会。促进义务教育均衡发展,保障经济困难家庭、进城务工人员随迁子女平等接受义务教育。以这样的标准衡量,我国教育事业的发展可以用“成就巨大、问题不少”来概括。

改革开放以来,我国教育事业发展迅速,成就巨大。从第六次人口普查反映出来的情况看,全国高中阶段毛入学率82.5%,文盲率从2000年的6.72%下降到2010年的4.08%,每10万人中具有大学文化程度的由2000年的3611人上升为8930人。截至2010年年底,全国2856个县(市、区)全部实现“两基”,全国“两基”人口覆盖率达到100%,小学学龄儿童净入学率达到99.7%,初中阶段毛入学率达到100.1%,初中毕业生升学率达到87.5%。学前教育毛入园率有大幅提高,已经达到

56.6%；全国高中阶段教育（包括普通高中、成人高中、中等职业学校）共招生1706.66万人，毛入学率达到82.5%；高等教育方面，2010年全国各类高等教育总规模达到3105万人，毛入学率达到26.5%，比1990年的3.4%有了巨大提升。

虽然在改革开放之后的三十余年中，我国教育事业取得了长足发展，但仍然存在着不少问题，集中表现在以下两个方面：第一，人民群众基本的教育需要仍然不能确保满足。教育事业发展中的首要问题表现为当下的教育服务供给不能满足广大人民群众的基本需求，“上学难、上学贵”在多个层次的教育中普遍存在，大量的进城务工人员随迁子女和城市贫困家庭子女难以平等共享优质教育资源。第二，地区间和区域内部差距明显，不均等化程度高，教育不公平问题已经成为当下社会讨论的热点话题之一。城乡之间、地区之间、学校之间，从师资到办学条件的差距都很大，部分公共教育资源的配置和使用也缺乏有效的监管。

需要注意的是，这些问题涉及人群广泛且显现程度较高，因此造成了群众意见集中，尤其是两类人群：一类是大城市的大多数居民对义务教育优质资源的诉求难以满足，并对择校中的不正之风颇有微词；还有一类是进城务工人员随迁子女上学的基本需要难以满足，“上学难、上学贵”在这类人群中体现得尤为明显。

国研网： 应当如何确定近中期教育事业改革和发展的优先序？

佘宇： 教育事业涉及广泛，各级政府不可能也不需要在教育事业的所有领域平均着力。考虑我国所处的发展阶段，无论从学理角度还是从讲政治的高度，政府在近中期应该抓住教育领域若干关键问题，以优先满足最广大人民群众最迫切的需要。因此，从研究的角度而言，界定近中期教育事业的发展优先序至关重要。我们认为，据此标准，以下两类教育需要优先解决其发展问题。

首先是义务教育。义务教育是国家依法统一实施的具有强制性的教育，是一个国家各领域教育中最重要的基石。目前，义务教育在多数城市正在从保障适龄儿童“有学上”向“上好学”的较高层次迈进。但也应该看到：在广大农村，这个领域仍然有诸多“短板”待补；在许多城市，义务教育优质资源的分配不公，是群众意见之源。因此，巩固义务教育的普及成果，完善义务教育优质资源分配和共享机制，是当前及今后较长时期教育领域最重要的工作。

其次是中等职业教育。中职教育承担着为现代化建设培养“数以亿计的高素质劳动者”的重要使命，目前从数量而言已占有我国高中阶段教育的半壁江山。在我国转变发展方式和城市化高速发展、大量农民向市民转型的关键时刻，中等职业教育发挥着不可替代的作用。但目前中等职业教育仍然是高中阶段的二等教育，其供给与产业发展需要、广大人民群众的教育需求之间存在较为严重的脱节和错位。因此，在近中期从教育体制、相关配套制度等方面解决其发展问题，是国家的需要、人民的需要。

这两方面教育，涉及人数最多，群众意见最集中，目前短板最多，政府角色也最重要，且集中了教育领域真正关系千家万户切身利益的问题，因此必须作为近中期教育事业改革和发展的重点。考虑到现有财力（尤其是基层政府财力）等方面的约束，只能在这两方面教育上尽力而为，着力“保基本、补短板”。此外，由于我国正处于城市化高速发展期，大量进城务工人员随迁子女需要在异地接受高中阶段教育（数以千万计）；而在学前教育的单位供给制逐步取消后，城市居民的学前教育需要凸显，“入园难、收费高”，家长负担沉重，人民群众意见较多。这两方面教育，有条件且需求强烈的地方可以主要依靠地方财力，在薄弱环节、特殊地区针对重点人群集中突破。总之，权衡各方面需要和供给能力，近中期应把义务教育均衡发展、中等职业教育良性发展作为教育事业改革和发展的重点，在少数有条件的地方兼顾学前教育和普通高中教育发展。

国研网：义务教育是“学有所教”这个头号民生的基石。那么，从均等化角度看，我国的义务教育存在哪些普遍问题？

佘宇：就现阶段而言，义务教育仍是我国教育事业的重中之重，这是由大多数家庭的实际需求、义务教育目前的发展状况和我国的财力水平共同决定的。历经“两基达标”和“两免一补”等举措后，我国的15岁以上人口平均受教育年限接近10年，名义上完成了“两基”任务。但是，我国的义务教育远未实现均等化，尤其是优质资源的均等化。我国在2000年实现了“基本普及九年义务教育”，但这种普及只是广度上的（覆盖面），从更重要的深度而言（教育质量），仍然不尽如人意。具体来看，义务教育的不均等化有以下三方面表现。

首先，优质资源分布不均衡，择校问题严重。一是硬件配置不均，不同区域、不同学校之间硬件设施配置标准不均衡的情况较为突出。中央教育科学研究所教育督导评估研究中心发布的《义务教育均衡发展报告2010》显示：小学生均教学及辅助用房面积的东中比、东西比都超过1.3倍，初中则超过1.4倍；小学生均体育运动场（馆）面积的东中比、东西比、中西比分别为1.11、1.52和1.37倍，初中则依次为1.22、1.58和1.29倍。二是经费标准不均，生均公用经费的校际差距较为突出，仍有相当数量的农村中小学生均公用经费没有达到国家基准定额。虽然县域内城镇和农村学校教育经费差距不大（中小学的幅度均在1～2倍之间)，但仍有近40%区县的农村初中生均公用经费没有达到中西部500元、东部550元的国家基准定额；28%区县的农村小学生均公用经费没有达到中西部300元、东部350元的国家基准定额；26%区县的城镇初中生均公用经费没有达到500元；11.5%区县的城镇小学生均公用经费没有达到300元。三是师资水平不均。教师编制的结构性问题突出（城镇超编、农村缺编)，农村教师学科结构、知识结构、年龄结构失衡，同级别教师收入在学校间差别较大。以生师比为例，无论是地区间还是地区内，不均衡的情况均较为突出。从东中西部地区来看，生师比西部最高，东部最低，西部地区每个教师平均比东部多负担5~6个学生。从GDP三类地区来看，欠发达地区生师比明显高于中等和发达地区，欠发达地区每个教师平均比中等和发达地区多负担4~5个学生。由于城乡学校之间、乡镇中心校与村级校之间的现实差距，"择校风"在城市和县城仍屡禁不止，大中城市主要表现为向名校名师集中，农村主要向县城和大乡镇集中。这种主观意愿式的选择性流动，加剧了城市"大班额"和农村"空巢学校"并存的矛盾。

其次，农村学校基础薄弱，一些地方辍学问题突出。农村地区中小学的办学条件仍较落后。2009年，农村小学大专及以上学历教师比例达到71.7%，比城市低18.9个百分点；在初中教师中，本科及以上学历教师比例达到54.4%，比城市低25.3个百分点。"两基达标"后，城乡办学条件的差距突出地表现在生均教学仪器设备值方面，全国1/3以上地区的中小学生均教学仪器设备值的城乡差距继续扩大。中西部地区小学、初中生均仪器设备值与东部地区差距较大，尚不足东部地区的一半，一些西部省份尚不足上海和北京的1/10。此外，西部地区农村学生辍学、流失率偏高，有的地方农村辍学率高达15%以上，严重影响了西部地区义务教育质量的提高。虽然有“两免一补”政策，但由于农村学校的撤并、新的“读书无用论”在一些地区抬头，初中辍学率不降反升。

第三，进城务工人员随迁子女接受义务教育的保障机制不健全，对留守儿童关爱不够。义务教育在校生中进城务工人员随迁子女规模不断增多，且流向比较集中。从流入地来看，东部地区进城务工人员随迁子女占全国的比重最高。留守儿童散居在广大农村地区，学习生活条件比较艰苦。2008 年义务教育阶段在校生中农村留守儿童达到 2140 万人，占农村在校生总数的 16.4%，比上年增长 5.1%，其中小学生 1398 万人，增长 2.7%，初中生 742 万人，增长 9.7%。2010 年则进一步增至 2271.51 万人，其中小学生 1461.79 万人，初中生 809.72 万人。考虑未来 10 年我国每年数以百万计的新增流动人口随迁子女城市就学数量，即便在城市，补义务教育欠账、推动优质资源均等化的工作也不得不成为教育的头号工作。

国研网：借鉴义务教育均等化的国际经验，我国现有制度和措施存在哪些不足？

佘宇：即便认识到义务教育均等化（尤其是优质资源均等化）很重要，也要看到这方面的均等化从世界范围来看都是发展中国家的难题，拉美及印度等长期以来都难以解决，使这些国家的社会阶层分化从学龄儿童就打下了基础。不过，一些具有可比性的发达国家的既往发展经验，能给我们解决难题提供不少启示。日本、韩国与我国同属于东亚文化圈国家，其大力推进义务教育均等化（这两国称为“平准化”）时人均发展水平还低于我国现阶段，且两国在二战后经济恢复和赶超时期面临的问题与我国现阶段较为相似，其提高人力资本的经验十分值得学习。不仅如此，日韩在推进义务教育均等化上，更是取得了国际公认的成就，且形成了系统的制度设计。尽管两国的发展水平和发展经历略有差别，但在义务教育均等化方面却具有以下共同点：一是对全国公立义务教育不分城市和农村实行一体化的政策和财政体制，“主观”实现了财政资源、教师资源和学生资源三方面的均等化。二是根据各级政府的财政能力，对其在义务教育中的事权责任和财权责任作了明确合理的划分，形成了规范的财政投入体制。

但是，与日韩的制度设计相比，我国存在多方面不足。尽管《教育规划纲要》已经就我国义务教育在均等化上存在的问题提出了应对措施，包括“根本措施是合理配置教育资源”等，但只是原则性的。迄今为止，这些原则中的多数尚未在立法层面有专门法和部门规章予以详尽规定，而且，社会各界对这些措施还没有形成普遍的共识。真正推进均等化，有两个方面要加强认识：首先是义务教育的均等化仍是我国当前教育发展的重中之重，这方面的差距还很大，还需要集中人力、财力予以最优先的扶持；其次是义务教育三方面的均等化，必须形成明晰的制度设计，使各级政府责任明确，使教师等最需均等化的资源能够在政府的强力推动下消除非均等化的客观障碍，这样才可能使《教育规划纲要》中的措施得以落实。

从操作层面来看，义务教育均等化还面临三方面的障碍：一是教师轮岗。由于校际间差距的长期存在，事实上已经形成了一个特定利益格局，其中既涉及教师个体利益，又涉及学校（特别是名校、重点校）利益，还涉及包括教育主管部门在内的相关政府部门的利益。从现有的制度保障（配套措施）来看，教师流动也没有形成门槛性、强制性的制度。虽然《义务教育法》和《教育规划纲要》已明确提出了教师流动的相关内容，但现行《教师法》无论是在教师的“资格和任用”，还是在教师的

“义务和职责”中都没有对教师流动有专门的规定；不仅如此，由于我国教师的身份不是公务员，教师流动（以及由此带来的人事关系变动）与现行《事业单位人事管理条例》中人员招聘、竞聘、解聘等规定并不相符，强制流动也缺乏法理正义性。二是财力均等。这方面的差距首先是城乡差距，其次是区域差距，因此省级政府在相关经费投入上的城乡均等化更为重要。许多地方将目前义务教育“以县为主”的管理体制混同于投入体制，使本应由各级政府分担的投入问题变为管理者的主要义务，造成事权和财权严重不对称。如果相关文件没有对各级政府的出资责任、出资范围乃至出资方式有明晰的规定，财力均等仍然难以成为现实。在财力均等下，只要建立了全国统一的标准体系就能实现校际间设施均等化。但考虑我国的现实，这方面还必须向偏远地区、向农村倾斜。三是学生资源均等。主要是受前面两方面的影响。我国目前通过复杂社会关系和高额择校费形成的优质公办学校“贵族化”现象严重，社会和家长的观念暂时很难转变。当然，实现学生资源的分布均衡也并非只有被动等待“水到渠成”（即调整了供方，需方的问题就随之化解），成都强力推行就近入学的实践说明，通过某种“倒逼”机制也能达到资源均衡配置的效果，即学生资源与硬件、师资等一样影响学校的教育质量，积极主动调整学生资源的均衡，或学生资源与学校、师资等的均衡同步调整，可能会对义务教育的均等化起到意想不到的效果。

国研网：近中期应如何推进义务教育均等化?

佘宇：首先，确立总体思路，即以试点省的教师轮岗和财力均等为抓手，优先推进义务教育的均等化。各级政府要明确当前教育领域最优先的事务仍然是义务教育均等化，政府相关管理部门的工作和行政资源安排，应该体现出这个优先性，把主要力量集中在义务教育上。教师素质的均等化和财力均等化是当前推进均等化的主要障碍，但我国各地区间发展差别太大，所以很难从全国层面一刀切地推进。考虑在我国义务教育各项经费投入中省级政府正在成为主角，并结合江苏等省的教师轮岗试点经验，可以认为，在某个省内如果解决了学区划分障碍、教师收入和发展机会障碍，并将教师轮岗作为担任教师工作的必要条件，就可能在这个省内率先实现均等化。国家相关部门可以根据条件和自愿程度，鼓励和扶持某些省率先开展这项试点工作，为未来建立全国划一的制度提供经验。而在国家相关法规仍然语焉不详的情况下，较发达的省出台相关规定，用“省内粮票”保证财力均等化，也是应该鼓励的探索。

其次，建立完善的配套制度，推动《教育规划纲要》政策的落实。一是通过财力均等逐步缩小校际间差距。修改与完善现有法律法规，合理划分各级政府在义务教育阶段的事权责任和财权责任，进而明确规定各自的出资范围和出资方式，并进一步严格执行国家既有的学校资金“收支两条线”管理规定。二是通过工资均等化为教师流动奠定基础。国际经验和国内地方实践都表明，教师工资均等化是实现教师资源均衡配置的基础。换言之，逐步缩小校际间教师待遇差异是有效推行教师流动的重要前提。同时，将教师全面纳入公务员队伍作为未来改革的方向。尽快修改《教师法》《事业单位人事管理条例》等法律法规，将教师流动作为担当教师工作的必要条件，以真正落实《义务教育法》和《教育规划纲要》的相关规定。充分借鉴国际经验，将教师纳入公务员队伍，并通过立法予以保证。这不仅有利于使教师强制流动具有法理正义性，而且为保证其全国大致均等的收入水平提供了可能。长远来看，普遍流动的实现，应将教师纳入公务员队伍作为未来的改革方向。在财政投入和教师资源得到均等化的情况下，进一步严格执行既有的义务教育阶段学生就近入学政策，自然就能实现学生资源和教师资源均衡配置的良性循环。三是将义务教育均衡发展程度作为干部考核的约束性指标。教师流动制度的建立，以及相关配套措施的顺利实施，离不开地方领导的大力支持，需要各级政府及其主要负责人认识到位，对教师流动工作“真重视”。因此，必须扭转片面追求升学率等错误倾向，同时，制定义务教育办学条件的国家标准（包括经费、师资、设施、设备的数量与质量标准），并以此作为对相关官员考核义务教育均衡发展程度的约束性指标。

国研网：职业教育被公认为是与经济建设关系最直接的教育，其中的中等职业教育还是高中阶段教育不可或缺的重要组成部分。那么，现阶段我国中等职业教育面临哪些问题与挑战？

佘宇：从我国未来的产业发展需求和当前普及高中阶段教育的条件和主要人群来看，大力发展中等职业教育是普及高中阶段教育的主要出路。但是，目前两方面的情况显著影响了职业教育的真实市场需求：一是若干制度不完善，“脑体正挂”的程度较高，“蓝领”、“白领”的待遇差别较大。二是职业教育办学质量不高，人才培养特色不突出，而职业资格准入等相关配套制度不完善，导致职业教育在打造职业人才上的不可替代性没有充分体现出来。虽然在国家宏观政策层面的支持和引导下，我国职业教育近些年呈现出蓬勃发展的趋势，尤其是中职生就业率在数字上超过了大学生。但是，从提供与产业转型相适应的人力资源、从使劳动者群体提高收入并缩小收入差距的要求来看，当前职业教育仍存在如下突出问题。

首先，结构、质量与社会需求不适应。中等职业教育培养的学生，在专业水平、能力结构以及实践经验等方面与企业等用人单位的需求存在一定程度的脱节现象，使中职生存在一定程度的就业难或就业质量不高（不对口就业、低层次就业、低收入就业、不稳定就业）的现象。同时，诸多企业也存在两种“招工难”的现象：一方面，诸多制造业企业对有较高水平的技工求贤若渴；另一方面，许多技术含量较低的企业需要大量经过简单培训就可以上岗的普工，但目前的薪酬水平下却招不到。这说明，目前职业教育培养的人才有“高不成、低不需”的尴尬，职业教育并未成为可靠且必需的就业通道。这种现象，也充分反映了中职的结构、质量与社会需求在某些方面不适应。

其次，投入不足，办学条件较差。长期以行业办学为主的中等职业教育，在1998年国有企业制度发生重大转变后，没能在投入机制上与时俱进：国家投入不足、社会力量参与受到诸多限制，造成中等职业教育投入不足、办学条件较差，实训等方面的教育质量得不到保证。后来国家虽然加大投入，但平均投入的做法也违背了职教发展的规律，民办职业学校得到的支持不多，且职业学校的教师岗位也难以对人才构成较大吸引力，使得中等和高等职业学校相对普通教育的同层次学校而言，软硬件条件都较差，相对培养职业人才的需要来说，这种差距更大。这种投入不足的现象，在农村中职校中表现得更为明显，使得中等职业学校的软硬件各方面出现了比义务教育更大的城乡差距。

第三，职教体系被孤立，学生选择职教缺少进路和退路。目前，我国的职教和普教体系之间不是立交桥，职教是一种相对孤立的二流教育体系。这种教育体系不仅横向上与其他体系的交流困难，就连职教体系自身纵向的交流也困难——对口招生都有严格的数量限制。按照我国现有规定，每年高职校的生源中来自中职生的比例不能超过其招生总数的5%，而中职生因为课程的差别绝大多数无力通过普通高考升入普通高校，即大多数中职生不能升学。这种局面，使学生在选择后缺少“进路”

和“退路”，即便有些学生愿意根据自己所长和爱好愿意选择职教，也可能因为这是条单行线而打退堂鼓。另外，中等职业学校的课程设置专业化太明显，缺少通识教育，这也使职教在知识经济社会注重后期发展潜力的背景下缺乏吸引力。

国研网：从国际经验看，职业教育充分发挥功能需要具备哪些前提条件？

佘宇：职业教育发展较为成功的国家，普遍建有一整套相应的法律法规体系和配套制度作为切实的保障，且在这套制度下，不仅劳动者能充分参与现代化、能胜任产业结构升级的需要，总体来看不存在蓝领收入低、收入不均问题。

例如，德国“双元制”职业教育需要企业主、工会、联邦政府以及州政府四方的协调与合作，成为一个有机的整体。德国有工商业、手工业、服务业、农业和自由职业五大类行会（类似行业协会）负责管理各自的企业培训。行会作为公共团体处于各州最高管理机关（经济部或劳动部）的法律管辖之下。在企业培训之前，学生必须与企业签订合法而有效的合同，实行在企业里学习实际操作和在职业学校里学习理论知识平行进行，是把教育体制和就业体制结合起来的“双元制”。学习结束时要接受行业组织的统一考试，合格者获欧盟各国都认可的毕业证书。在提供相应的人力资源上，其他教育对职业教育基本没有替代性，这是因为有严格的职业资格准入制度。每个层次和类型的职业学校，施教过程都非常规范、严密。

再如，日本、韩国的职教发展模式说明，如果加强行业和企业办学，职教可以在提高劳动生产率方面发挥一定作用，但难以在扩大中等收入群体等方面发挥更重要的作用。日本的职业教育，真正有效的是与终身雇佣制相关联的企业内职教，即各类企业所需要的技术工人，基本上都由企业招收高中毕业生（包括职高）自己进行培养。日本职教与其他教育体系的沟通较为顺畅，没有人为设置高职校对口招生比例限制。韩国在校企合作办学上有一定成效，政府大力提倡职业学校与企业密切结合，把“产学合作”写入《产业教育振兴法》，并使之法制化；《职业教育促进法》又把学校教育与职业培训联系在一起。韩国的职业教育与其他体系的沟通也较为顺畅。

国研网：借鉴发达国家的主要经验，近中期应完善哪些配套制度以实现我国中等职业教育良性发展，并进而使其逐渐成为普及高中阶段教育的依托?

佘宇：考虑在我国发展的现实条件，必须承认职业教育难以全面承担提供与发展方式转变的人力资源、解决收入过低和分配不均等社会问题的职责。如果相关前置条件能逐步解决，则未来职教可能会发挥更大作用。因此，只能在有限目标下提出分阶段制度建设的思路。

一是当前针对职教自身发展问题的思路。我国目前进行职业教育发展相关制度改革，应该与产业发展、就业制度以及普通高中教育、高等教育等方面相衔接，包括：国家在支持职教发展方面应与工业的布局和结构相适应，改变平均投入尤其在县县平均投入的局面；在投入上使中等职业教育稳定成为高中阶段教育的主体，并进一步使其成为普及高中阶段教育的发展主体；加强职业教育与其他类型教育在学籍、课程等方面的互通，使职教和普教之间形成“立交桥”，使选择职教的学生有“退路”，这样才能使家长和学生敢于尝试选择职教，才能使鄙薄职教的观念随之慢慢产生转变。

二是未来五年针对劳动力市场等配套制度建设的思路。发展中等职业教育，需要进一步加强其与产业发展、就业制度等方面的衔接。其中最重要的就是劳动力市场等配套制度建设。根据国际经验和我国国情，可以从以下两方面着力：首先，在企业制度以及用工制度变化后发展有利于职教的替代制度，加强协会等组织建设，使校企联合办学成为制度，使职业学校办学能在社会各方面力量的支持下更加切合经济发展的需要；其次，严格职业资格准入制度，使职业教育成为获得体面的蓝领工人岗位必需的职业通道，这样才能使职教的作用得到承认、地位得到提高。

三是职教体系改革及促进其发展的统筹解决方案。职教体系改革与发展不仅涉及职教自身，还需要其他类型教育的政策配套。下一步应加强中等职业教育与普通高中教育、高等教育等方面的衔接，概括起来就是：①理顺。逐步建立左右贯通、上下衔接、体现终身学习的职业教育体系，既理顺教育部门内部关系（例如，高职从普通高等教育体系中脱离，回到职教体系），也理顺教育部和劳动部门之间的关系（协调学历证书和职业资格证书之间的关系，力争实现单部门管理）。职教与普教学籍逐步实现互通，将职高、中专和“专升本”教育及劳动部门所属的技校、技师学院的学籍和课程设置串联起来，统一学历教育与职业能力的评价测试标准，为各级各类教育学制、学分、证书等级间的相互沟通提供依据等。②多予。高等职业教育既涉及职业教育完整体系的建立，又关系到整个高等教育调整和改革，且普遍受到社会关注。因此，除了进一步加大对中等职业教育的财政投入外，考虑到其与高等教育等方面的衔接，近期可以考虑将本来用于中等职业教育的中央财政和省级财政资金切块用于扶持高职学校发展。同时，在普通高等教育的科研、教学经费及其他专项经费中，切块用于高职学校，切块比例可根据高职学校发展情况逐年调整。高职发展了，既有利于促进职教体系自身的完善，也有利于拓宽中职向上与高等教育等衔接的渠道。③少管。具体包括在专业和课程设置、招生计划、职称评定、学费标准、融资渠道等方面的少管。取消在招生专业和教学计划方面的审批，专业可根据社会需要设置并及时调整，教学计划与课程设置由各校按照适应职业岗位群的职业能力和职业素质要求加以确定，确定后到教育行政管理部门备案即可。建立可与其他职称体系配套换算的单独职称评审体系，加强对教师技能和工作经验的要求，从而吸引更多企业专业技术人员中加入教师行列。

国研网：普通高中教育作为高等教育的准备阶段，历来受到社会、政府与学校的高度重视。当前，我国普通高中教育主要面临哪些问题与挑战？

佘宇：积极发展普通高中教育，不仅是广大人民群众的迫切需要，而且有助于我国人才结构的完善和人才质量的提升。从当前的情况看，制约我国普通高中教育发展的突出问题主要表现在如下两个方面。

首先，普通高中教育普及率不高。2010 年，我国有初中毕业生 1750.35 万人，而普通高中招生人数仅 836.24 万人，说明有超过 50% 的初中毕业生不选择普通高中教育作为其继续学习的途径。即使算上成人高中、中等职业学校，2010 年我国高中阶段毛入学率为 82.50%，虽然比之前有了大幅的提升，但是与小学学龄儿童 99.70% 的净入学率和初中阶段 100.10% 毛入学率相比，高中阶段的入学率依然有提高空间。从在校生人数来看，2010 年小学、初中和普通高中的数据分别为 9940.70 万人、5279.33 万人和 2427.34 万人，义务教育与普通高中教育之间的差距立显，甚至 2010 年普通高中的在校生人数还比 2009 年减少了 6.94 万人。与高中阶段普及率相反的却是高等教育的大众化，这使得我国的教育体系呈现出两边高、中间低的格局，普通高中教育逐渐成为制约教育协调发展的瓶颈。

此外，高中教育作为高等教育之前的一个阶段，其公平问题特别受到重视，因为其成果直接影响到高考成绩。在入学制度方面，由于择生现象以及保送制度、指标生制度、特招生制度的存在，很多学生在入学机会上就遭遇不公；在收费制度方面，虽然国家的“三限”政策对高中收费行为作了明确约束，但变相性的收费行为仍屡禁不止，一些家庭经济状况不大好的学生因此被排除在一些优质高中教育资源之外；优质的教育资源集聚在数量极少的重点中学、示范中学，大多数学生没有机会接触这些资源，形成了地区之间、城乡之间整体性的不公平。

其次，进城务工人员随迁子女在流入地难以平等地接受普通高中教育。虽然新修订的《义务教育法》以及《国务院关于解决农民工问题的若干意见》等政策法规对解决我国进城务工人员随迁子女教育问题有明确说明，但不少迹象表明，这一群体接受普通高中教育却仍有若干障碍，其中最主要的就是以户籍制度为基础的高中学籍管理办法限制了普通高中对非户籍人口的招生。对进城务工人员随迁子女高中教育的限制与高中教育的特殊性也有一定关联，由于高中教育是通向高等教育的环节，因此存在着放开高中教育会衍生出对高等教育的入学需求这样的担忧，这与教育部现行的“高考严禁跨省报考”政策也是相背离的。

而且，普通高中教育资源本身的不足也制约了进城务工人员随迁子女的入学。2010 年，我国普通高中教育的生师比已经达到了 15. 99 : 1，普通高中数量为 14058 所，而初中阶段的这两个数据为 14. 98 : 1 和 5. 49 万所。相比之下，可以看到普通高中教育的资源是相对稀缺的，这自然也就限制了进城务工人员随迁子女入学。

国研网：普通高中教育发展有哪些可供借鉴的国际经验，我国现有政策又是怎样的？

佘宇：大多数发达国家都有较高的高中阶段教育普及率，其中一些国家在普及普通高中教育上积累了一些经验，可资我国借鉴。例如，从20世纪50年代中后期开始，日本经济实力大为增强，为普及高中教育奠定了财政基础。同时，制定了适应社会发展需要的教育政策，具体的政策措施包括：第一，在高中教育中采取综合制、共学制、小学区制“三原则”，使教育机会均等的理念被贯彻，形成了单轨制的教育体系，消除等级差别、男女差别和地区差别，为高中教育的普及奠定了基础。第二，采取了多种方式，为已就业青少年提供接受高中教育的机会，如，将定时制高中和函授制高中相结合；加强定时制高中与职业训练机构之间的合作等。第三，在九年制义务教育的基础上推行高中教育准义务教育化和基础教育化。

又如，美国普通高中教育的发展政策兼顾了教育普及和质量提升。在制度上，为了保障机会公平，美国的高中实行的都是单轨制，即综合高中占据绝对主流地位，综合高中把中等教育中的普通教育、学术教育、职业教育各种职能集中在一起，在同一学校内开设多种不同的课程，让数以千计的不同家庭背景、不同兴趣和不同能力的青少年都能够获得同样的学习机会，并且通过灵活的课程满足不同学生个别化、个性化的发展要求，从而把机会均等和让全体美国青年都提高受教育质量的思想和理想落到实处。同时，教育券制度的实行也使学生可以根据自己的满意度选择学校就读。

从我国来看，普及普通高中教育第一次在中央文件中得到表述是在1999年的《中共中央、国务院关于深化教育改革全面推进素质教育的决定》中，其中提出要“在城市和经济发达地区要有步骤地普及高中阶段教育”，自此之后，普及普通高中教育就成为高中教育发展的方向。2010年颁布的《教育规划纲要》对普通高中教育发展提出了相应措施。但是，普及高中教育最重要的仍然是推进教育财政体制的改革，建立以政府公共财政投入为主的成本分担机制，扩大招生规模，增加优质资源学校。不过，由于我国的义务教育和中等职业教育仍然有相当多的欠账要补，且接受普通高中教育人群需求与供给差距最大的地方主要集中在发达地区，因此普及普通高中教育时，地方政府的财力应该扮演主要角色。同时，随着国家“以流入地政府管理为主，以全日制公办中小学为主”（即“两为主”）政策的实施，进城务工人员随迁子女在流入地接受义务教育的问题基本得到解决，但随之而来的却是这一群体在流入地参加中考、高考的问题日益凸显，亟待采取措施予以解决。

国研网：针对上述问题，对于普及普通高中教育有哪些政策建议？

佘宇：对于高中阶段教育而言，政府只要保证家长有机会选择和在获得财政补贴上机会公平，但是否上、在哪儿上、用什么形式和成本上，选择权在家庭。这就意味着从效率而言，应允许多主体、多样化发展；从公平而言，补需方（人头）更好。因此，我们的主要建议是：有条件的地方以自身财力为主，提高所有人群接受普通高中教育的机会。具体说来，作为人口流入地的发达地区中心城市，主要通过城市本级财政扶持的方式，降低普通高中的入学门槛，扩大办学规模，使流动人口属地化教育能按群众意愿延伸到普通高中教育。

考虑到进城务工人员随迁子女的流动类型，以及政策执行的难易程度，近期不妨先解决省内流动（含县市域范围）的这一群体在流入地同等享受普通高中教育（以及参加高考），并在个别城市试点解决跨省流动的随迁子女同等享受普通高中教育的问题。为处理好保障受教育权利和人口合理有序流动之间的关系，可考虑不以户籍为依据，而是以更为合理的在当地学籍年限、监护人参加社保的年限为管理手段，允许达到一定年限者在当地上高中和参加高考。同时，加快建立全国联网的中小学学籍管理信息网络，为实现进城务工人员随迁子女在务工地参加中考和高考创造条件。另外，在扩大普通高中教育办学规模的同时，还需要加强职业高中与普通高中的互联互通，使学生有更多尝试职业教育的机会，使普及高中阶段教育与中等职业教育大发展有机衔接起来。

国研网：学前教育是国民教育体系的重要组成部分，是学校教育和终身教育的起始和奠基阶段。当前，我国学前教育主要面临哪些问题与挑战？

佘宇：作为一种选择性教育，学前教育兼有教育事业和社会福利事业属性，且儿童在这个年龄段通过机构集中为主、相对在家为主各有利弊。因此，政府管理的重点应放在提供补贴的同时，妥善处理家长和教育机构之间的关系上。从当前的情况来看，我国的学前教育发展严重滞后于社会需要，大城市中的“入园难、入园贵”等问题群众意见较大，普遍表现出以下三方面问题。

首先，普及率低，公办园和民办园发展不平衡。中央教育科学研究所2010年发布的《中国学前教育发展战略研究》显示：根据国家“十五”和“十一五”规划，全国学前一年入园率为80%，中西部贫困地区和农村地区学前一年的入园率为60%～80%；全国学前三年入园率大约为55%，中西部贫困地区和农村地区则大约为35%～55%。换言之，2010年仍有大约20%～40%的幼儿不能接受学前一年教育，45%～65%的幼儿不能接受学前三年教育。总体而言，我国的公办园和民办园发展也很不平衡，民办园发展迅速，公办园却逐年减少。与此同时，民办园在园幼儿数量也呈增长趋势，但由于其规模都相对较小，公办园仍是吸纳幼儿的主体。

其次，农村资源严重不足，城乡条件差距大。据世界银行2011年报告，过去20年间，我国农村幼儿园数量减少了一半，从1986年的13万所下降到2006年的6.47万所，而同一时期城市幼儿园数量则从2.45万所增加至3.18万所，乡镇幼儿园数量从1.19万所增加到3.39万所。幼儿与教师比率是衡量学前教育服务质量的良好指标。从教育部发布的2008年数据来看，全国平均值为17∶1，城市为9.5∶1，县城为19∶1，农村高达34∶1。各省（自治区）之间这一比例的差异也很大，特别是农村地区。农村和城市之间的质量差异也反映在师资上。“十一五”期间，全国幼儿教师中一半以上没有职称。其中，城市为51.85%，乡镇为54.8%，农村为69.88%。我国具有专门教师资格的公办幼儿园教师比例，在城市仅为48%，在乡镇和农村更是分别下降到34%和18%。从公办幼儿园和学前班中代课教师的百分比来看，全国平均为6.5%，在农村为13%，乡镇为7%，城市为3%。

第三，办园不规范，收费差异大、小学化倾向等问题严重。无论公办园还是民办园，费用主要建立在成本回收基础上。民办园收费缺乏标准，且注册和未注册的都不同程度地以营利为目的，造成恶性价格竞争，导致收费差异巨大，向高端和低端两个方向发展；与同质量的民办园比较，公办园收费标准相对较低，但普遍变相收取各种不合理费用作为经费补充。民办园甚至公办园，出于生存、发展的需要，或片面迎合家长望子成龙心理，不顾幼儿年龄实际、身心实际、接受能力实际开设学科课程、拔高学习目标，以提高其吸引力和竞争力；或以追求利益最大化为目标，在政府缺乏评估和监管的情况下，通过举办各种兴趣特长班、兜售大量知识性、技能性幼儿教材等方式以满足其牟利要求。

国研网：针对学前教育存在的上述问题，国家层面先后出台了哪些相关政策或措施，各地又进行了哪些有益探索，实际效果如何？

佘宇：总体而言，越来越多的国家将学前教育作为国家的福利事业，并予以国家法律法规的保障；各国学前教育的办学体制与机构类型越来越呈现出多元化特征；政府财政投入越来越成为学前教育经费的重要来源。此外，部分国家还通过立法保证幼儿园教师编制、将其纳入公务员系列使其拥有公务员或公务雇员身份等方式，保证教职人员队伍的稳定和质量提高。鉴于学前教育对幼儿身心健康、习惯养成、智力发展具有重要意义，针对当前面临的问题与挑战，《国家中长期教育改革和发展规划纲要（2010－2020年）》（之后又出台了《关于当前发展学前教育的若干意见》）对学前教育发展提出了相应措施。据此，各地进行了大量探索实践，并取得了不同程度的效果。其中，成都创新性界定公益性幼儿园并予以补助、南京发放“幼儿助学券”的做法尤为值得关注。具体如下。

首先，补助学前教育的主要做法有两点共通之处：一是以幼儿园收取的保教费作为调控项目。成都、南京均以幼儿园收取的保教费作为政策调控的项目，二者的区别在于，成都采取的是“限价＋补助”，而南京采取的是“扣减”的方式。二是以符合条件的幼儿园作为服务提供者。成都、南京均对提供服务的幼儿园进行某种条件的限定。二者的区别在于，成都强调“保基本”，而南京则侧重“创优质”。

其次，政策的初步影响及绩效主要体现在三方面：一是多途径扩大学前教育资源。成都通过小区配套园、农村标准化中心幼儿园以及布局调整的富余教育资源办园、优质公办园办分园、街道办园、农村集体办园等多种途径扩大公益性幼儿园的规模和数量，以满足适龄幼儿就近入园的需求。而南京实行普惠性的“幼儿助学券”就是通过政策设计有效发挥市场作用，大力扶持民办园、调动社会力量参与兴办幼儿园的积极性，从而扩大学前教育资源的一种积极尝试，通过市场的办法来整体推动学前教育资源的增量增值。二是减轻家庭和幼儿园费用压力。成都对公益性幼儿园限价收费，是在市场化经营体制下“补低端”，解决“公共服务”和“市场化”这对矛盾，满足幼儿基本入园需求的体现，从实际效果来看，实现了家长、幼儿园的“双赢”。而南京发放“幼儿助学券”，首先起到的是惠民作用，在一定程度上降低家长的入园成本，直接缓解了优质民办园的收费压力，而对相对薄弱的民办园则形成一种“倒逼”压力。三是促使各类幼儿园按照政府要求改进条件和规范发展。虽然以前教育行政部门对幼儿园（尤其是民办园）的资质、管理和质量等都有所要求，但是缺乏一种有效的手段来有效规范和管理民办园发展。成都、南京补助学前教育的做法为政府加强对各类幼儿园的规范管理提供了有效平台。如，成都除了给予公益性幼儿园诸多优惠政策外，也提出了相关约束要求；而南京对不能达标的幼儿园采取限制和取消兑现资质等措施，不断促使民办园按照政府要求不断优化办园条件、完善园务管理、提高保教质量。

国研网：如何用好财政资金，促进学前教育按需发展？

佘宇：学前教育不是政府法定义务，较为普遍地存在个性化需求，政府投入应侧重于促进其按需发展，而非主要扶持公办园、建设过多的公办园。财政资金的使用必须有普惠的制度基础，在体制改革没有到位的情况下，增加的投入可能使现有的不均等扭曲得更加厉害：既没有渠道投入基本公共服务，也没有能力去监管办园主体。而且，过于强调政府投入用于扶持公办园，往往只能强化公办园的既有优势，进一步加大公办园与民办园之间的不平衡水平。因此，在确定和选择学前教育发展思路时，应充分借鉴国际和国内经验，通过相关政策设计使政府投入切实转化为公众福利，以项目带动工作和制度建设（如，制定服务、质量、价格标准及规范），用试点示范引导财政资金的使用方式，从而促进学前教育按需发展。

首先，通过相关政策设计使政府投入切实转化为公众福利。从国际上看，大多数国家均将学前教育作为国家的公共事业或准公共事业，学前教育的财政投入持续增长，政府以财政拨款为杠杆，实现学前教育的公益性，促进学前教育公平和质量提高。关于政府投入的方式，广泛争论的焦点在于是补供方（建公办园）还是补需方（幼儿），很明显，成都、南京采取的是后者。实际上，这种争论并未切中要害，政府投入的意义在于通过相关政策设计真正转化为公众实实在在的福利（核心在定价机制上）。成都对公益性幼儿园先限价、再补助，切实减轻了家长选择安全、放心幼儿园的经济负担；而南京发放“幼儿助学券”扣减保教费，在一定程度上也减轻了家长选择优质幼儿园的费用压力。二者方式虽有不同，但都起到了惠民效果。当然，从补供方角度支持幼儿园和教学点的基本建设也必须强调惠民效果。例如，在社会资本不愿意投资的农村和偏远地区，即便是政府投入也应采取更符合当地实际的学前教育供给模式，加大对服务对象提供补贴，重点为贫困农村地区幼儿提供财政补贴，并逐步扩展到所有农村地区及城市地区的进城务工人员随迁子女，从而将政府投入切实转化成公众福利。

其次，发挥政府主导作用并不意味着政府直接提供公共服务，应给民办机构、多样化需求留出空间。鉴于我国学前教育发展现状，并与世界各主要国家的学前教育相比较，可以发现，我国的学前教育只能说是水平很低的准公益性公共事业，这意味着政府和市场共同提供学前教育，因而呈现出办学主体多元化、机构设置形式灵活多样的特点。无论是成都的公益性幼儿园，还是南京的省标幼儿园，都没有将产权（所有权）性质作为限定的条件，即既可以是公办的，也可以是民办的，只要符合条件都可以纳入，都可以作为政府购买服务的对象。发挥政府主导作用，并不意味着全部由政府举办幼儿园来直接提供学前教育服务，而是应强调政府对各类幼儿园行为、质量的规范与管理。成都、南京给予这些幼儿园优惠政策的同时，对不符合要求的则采取限制、取消资格等配套措施，对不接受政府限价的不予以财政补贴，这都为规范和管理提供了有效抓手。加之补助对象是幼儿，客观上形成了公众可根据政府公布的名单“用脚投票”、自由选择幼儿园，这对幼儿园改进条件和管理、提高保教质量等也能起到推动作用。此外，在学前教育领域，发挥政府的主导作用固然十分必要，但非营利和私人部门的参与对于扩大学前教育资源、增加服务供给也具有重要意义，可以在一定程度上产生竞争，为多样化需求提供更多选择。因此，应允许社会资金举办高端的民办园，事实上社会上也存在这样的需求。但前提必须是，政府已经做到了学前教育的“保基本”，已经尽到应有责任，并发挥了公共资源（财政投入）的效用。

第三，打造示范机构引导制定服务、质量、价格标准及规范。鉴于目前学前教育办学主体多元化格局已经基本形成，国家财政也有配套资金安排，当务之急应在于解决标准及规范不足的问题。公办园本应成为这种标准及规范的制定者，但在市场化进程中，由于缺乏科学合理的标准且没有评估与监督体系，实际收费比较混乱，变相收取各种不合理费用等不规范行为也普遍存在。因此，无论是成都的公益性幼儿园还是南京的省标幼儿园，其更为深远的意义可能并不在于提供所有学前教育服务或服务内容的全覆盖，而应侧重于为整个学前教育提供某种标杆，既包括政府购买服务的标准、人员职业规范的标准，也包括服务人员权益的保障及人才队伍的培养、输送等。通过示范和信号作用，引导政府、社会及市场调动各方资源，共同推进学前教育服务的提供。同时，这些示范机构除了可能“倒逼”公办园找回定位、重新成为“标杆”外，还应为家庭照顾人员等非正规服务人员提供幼儿保教基本技能培训，充分发挥教育和培训的功能。至于公办园和民办园究竟谁占主体，或许并不是关键所在。

城镇化进程中的教育权利问题

国民受教育水平的迅速提高，为我国工业化、城镇化的顺利推进奠定了重要的人力资源基础，对促进经济增长发挥了重要作用。但是，改革开放以后特别是20世纪90年代以来，随着大规模农村人口进入城市务工经商，在我国以地方政府作为教育筹资和服务提供主体的制度安排下，流动人口随迁子女的教育权利问题日益成为一个突出的问题。针对进城务工人员随迁子女义务教育问题，中央及地方都出台了相关政策，但在政策执行过程中仍面临一系列问题。从未来政策取向来看，建议落实地方“两为主”责任，降低入学条件；鼓励地方以自身财力为主，提高所有人群接受普通高中教育的机会；提高中央和省级政府在教育支出中的分担比例，特别是义务教育支出分担比例。针对进城务工人员随迁子女“后义务教育阶段”教育问题，特别是异地高考问题，从长远看，建议突破现有高考制度框架，探索与高考改革相结合的思路。

原文载于《完善城镇化进程中的社会政策》，中国发展出版社，2013年6月。

虽然我国的国家教育投入即使在发展中国家中都不算高——直至2012年才有望达到GDP的4%——但是新中国成立以来的基础教育成就却是相当出色的。除了民间具有重视教育的悠久传统外，国家层面促进教育的策略至关重要。新中国成立初期，毛泽东等领导人充分动员正规教育之外的资源和手段开展扫除文盲运动。1982年15~19岁年龄组的识字率男性已高达96%，女性达85%；而30年前与我国差距并不大的印度，其1982年的相应数据则为66%和43%①。

改革开放以后，我国逐步实施九年制义务教育，确立了“基本普及九年义务教育，基本扫除青壮年文盲”的目标并最终实现。20世纪80年代，中国15岁以上人口受教育年限就超越了世界平均水平。2010年，受教育年限接近9.1年，高出世界平均水平1.33年，高出发展中国家平均水平2年（参见表1）。

表1　　我国及世界15岁以上人口受教育年限情况　　单位：年

	我国	世界（146）	发达国家（24）	发展中国家（122）
1950	—	3.17	6.22	2.05
1960	3.42*	3.65	6.81	2.55
1970	—	4.45	7.74	3.39
1980	5.33**	5.29	8.82	4.28
1990	6.40	6.09	9.56	5.22
2000	7.79	6.98	10.65	6.15
2010	9.09	7.76	11.03	7.09

注：*采用的是1964年数据；**采用的是1982年数据。数据来源：Robert J. Barro，Jong-Wha Lee. A NEW DATA SET OF EDUCATIONAL ATTAINMENT IN THE WORLD，1950-2010. Http：//ideas. repec. org/p/nbr/nberwo/15902. html。

资料来源：高书国主编：《中国人口文化素质——从战略追赶到局部跨越》（内部文稿），2012年10月。

① 阿玛蒂亚·森（Amartya Sen）、让·德雷兹（Jean Dreze）：《印度：经济发展与社会机会》，社会科学文献出版社2006年版，第80页。

国民受教育水平的迅速提高，为我国工业化、城镇化的顺利推进奠定了重要的人力资源基础，对促进经济增长发挥了重要作用。但是，改革开放以后特别是20世纪90年代以来，随着大规模农村人口进入城市务工经商[①]，在我国以地方政府作为教育筹资和服务提供主体的制度安排下，流动人口随迁子女的教育权利问题日益成为一个突出的问题。

一、进城务工人员随迁子女义务教育问题

（一）基本现状

《2011年全国教育事业发展统计公报》显示，2011年全国义务教育阶段在校生[②]中，共有进城务工人员随迁子女1260.97万人，在小学就读932.74万人，在初中就读328.23万人（参见表2）。从数量上来看，这一数字有增长的趋势；从流向上来看，也较为集中——东部地区是进城务工人员最多的地区，因而其进城务工人员随迁子女占全国的比重最高。进城务工人员随迁子女的流动，可分为跨省流动和省内流动（含县市域范围）两种类型。据研究，目前跨省流动的进城务工人员随迁子女占38.09%，省内流动的占61.91%。其中，北京、上海、天津等大都市跨省流动的进城务工人员比例比较大；而省内流动的随迁子女比例较高的地区，主要集中在湖南、安徽、河南等一些人口流出大省，这些省省内流动的随迁子女都占到当地随迁子女的90%以上[③]。

---

① 《2011年我国农民工调查监测报告》显示，2011年全国农民工总量达到25278万人，比2010年增加1055万人；其中，外出农民工15863万人，增加528万人。

② 根据《2011年全国教育事业发展统计公报》，全国小学在校生9926.37万人，初中在校生5066.80万人。

③ 吴霓："进城务工人员随迁子女在流入地参加中高考的问题"，《求是》，2012年第4期。

表 2　义务教育阶段在校生中进城务工人员随迁子女数量　单位：万人

	2007	2008	2009	2010	2011
在小学就读	—	—	750.77	864.3	932.74
在初中就读	—	—	246.33	302.87	328.23
合计	765	884.6	997.1	1167.17	1260.97

资料来源：根据历年全国教育事业发展统计公报整理。

根据2009年的统计，当年的997.1万义务教育阶段进城务工人员随迁子女中，在公办学校就读的比例约为4/5，但仍有一部分在各类民办学校学习，有的学校没有办学资质，有的学校条件差、质量低，还有相当数量的农民工子女在义务教育阶段的后期（尤其是初二）因为多种原因①而辍学。

表 3　2011 年部分城市流动人口随迁子女在义务教育阶段公办学校就读情况

	义务教育阶段随迁子女总数（万人）	公办学校		民办学校	
		人数（万人）	比例（%）	人数（万人）	比例（%）
北京①	47.8②	33.9	70	—	—
上海③	50.17	36.89	73.53	13.28④	26.47
广东⑤	269.2	136	50.52⑥	—	—

注：①“‘异地高考’有准入条件，北京方案正在研究”，http：//learning.sohu.com/20120907/n352553178.shtml。

②截至2011年秋季开学，北京市义务教育阶段随迁子女比2010年同期增长了4.4万人，比2000年同期增长了39.3万人。

③上海市教委：“完善进城务工人员随迁子女义务教育工作情况”，http：//www.shanghai.gov.cn/shanghai/node2314/node28898/node28924/node28925/u8ai28563.html。

④2011年，上海市的进城务工人员随迁子女中，约有13.28多万人被安排在158所政府购买服务的以招收随迁子女为主民办小学免费就读。

⑤2011年，深圳市义务教育73%的学位、53%的公办学位提供给了非深户籍学生，其中在公办学校就读的学生享受免费义务教育；2004～2011年，在珠海市公办学校就读的流动人口子女人数年均增长率超过10%。

⑥这一比例较2010年提高0.22个百分点。

---

① 主要包括以下三方面：一是农村学校的教学质量相对较差，这使得农民工子女无法顺利考入高中；二是上高中对于农民工子女而言，需要增加很多负担（如住宿费、伙食费等），基于成本收益考虑，他们往往放弃继续升学；三是现有的中职教育出路不好，不仅解决不了就业，而且也不能保证好的就业，对农民工子女也缺乏足够的吸引力。

（二）中央及地方层面的相关政策进展

1. 中央层面

从20世纪90年代中期开始，农村大量富余劳动力急速涌入经济较发达地带，大量处于义务教育阶段的适龄儿童、少年也随之进城。此时，中央政府已明确意识到1986年确立的适龄儿童和少年在户籍所在地“就近入学”原则的局限性①。针对进城务工人员随迁子女的教育问题，中央在随后的一些重要文件中都做出了战略性的定位和规划（如表4所示），其中最为重要的就是“两为主”政策。

表4　中央有关进城务工人员随迁子女教育问题的重要论述

	文件	要点
1986年	《中华人民共和国义务教育法》	地方各级人民政府应当合理设置小学、初级中等学校，使儿童、少年就近入学
1992年	《〈中华人民共和国义务教育法〉实施细则》	适龄儿童、少年到非户籍所在地接受义务教育的，经户籍所在地的县级教育主管部门或者乡级人民政府批准，可以按照居住地人民政府的有关规定申请借读。借读的适龄儿童、少年接受义务教育的年限，以其户籍所在地规定为准
1998年	《流动儿童少年就学暂行办法》	流入地人民政府应为流动儿童少年创造条件，提供接受义务教育的机会。流入地教育行政部门应具体承担流动儿童少年义务教育的职责……流动儿童少年就学，以在流入地全日制公办中小学借读为主

① 需要指出的是，在当时非户籍人口数量相对较少的背景下，1986年颁布的《中华人民共和国义务教育法》及1992年制定的《〈中华人民共和国义务教育法〉实施细则》中的有关规定无疑有其针对性和合理性。

续表

	文件	要点
2001年	《关于基础教育改革与发展的决定》	要重视解决流动人口子女接受义务教育问题，以流入地区政府管理为主，以全日制公办中小学为主，采取多种形式，依法保障流动人口子女接受义务教育的权利
2003年	《国务院关于进一步加强农村教育工作的决定》	城市各级政府要坚持以流入地政府管理为主、以公办中小学为主，保障进城务工就业农民子女接受义务教育
2003年	《关于进一步做好进城务工就业农民子女义务教育工作的意见》	流入地政府负责进城务工就业农民子女接受义务教育工作，以全日制公办中小学为主
2006年	《中华人民共和国义务教育法》	父母或者其他法定监护人在非户籍所在地工作或者居住的适龄儿童、少年，在其父母或者其他法定监护人工作或者居住地接受义务教育的，当地人民政府应当为其提供平等接受义务教育的条件
2006年	《国务院关于解决农民工问题的若干意见》[①]	保障农民工子女平等接受义务教育。输入地政府要承担起农民工同住子女义务教育的责任，将农民工子女义务教育纳入当地教育发展规划，列入教育经费预算，以全日制公办中小学为主接收农民工子女入学，并按照实际在校人数拨付学校公用经费。城市公办学校对农民工子女接受义务教育要与当地学生在收费、管理等方面同等对待，不得违反国家规定向农民工子女加收借读费及其他任何费用。输入地政府对委托承担农民工子女义务教育的民办学校，要在办学经费、师资培训等方面给予支持和指导，提高办学质量
2010年	《国家中长期教育改革和发展规划纲要》	坚持以输入地政府管理为主、以全日制公办中小学为主，确保进城务工人员随迁子女平等接受义务教育，研究制定进城务工人员随迁子女接受义务教育后在当地参加升学考试的办法

续表

	文件	要点
2012 年	《国家教育事业发展第十二个五年规划》	保障进城务工人员随迁子女享受基本公共教育服务权利。健全输入地政府负责的进城务工人员随迁子女义务教育公共财政保障机制，将进城务工人员随迁子女教育需求纳入各地教育发展规划。加快建立覆盖本地进城务工人员随迁子女的义务教育信息服务与监管网络。鼓励各地采取发放培训券等灵活多样的形式，使新生代农民工都能在当地免费接受基本的职业教育与培训。推动各地制定非户籍常住人口在流入地接受高中阶段教育，省内流动人口就地参加高考升学以及省外常住非户籍人口在居住地参加高考升学的办法

注：①国务院研究室负责人在《国务院关于解决农民工问题的若干意见》的答记者问上解释，对输入地政府提出这样的要求，主要基于三点考虑：一是解决农民工同住子女的义务教育问题，并不会引发农民盲目将子女送进城市享受义务教育的状况。二是农民工与当地户籍职工一样，为输入地发展创造了财富，提供了税收，贡献了力量，当地政府应当承担起农民工同住子女义务教育的责任。三是义务教育属于政府应该提供的最基本的公共服务，直接关系国民素质，各地应从全局和长远认识解决农民工子女义务教育问题的重要性。

通过上述梳理不难发现：中央出台“两为主”政策后，“以流入地政府管理为主，以全日制公办学校为主”方式解决相关问题的基本方针可谓“岿然不动”；而中央对流入地政府在教育投入与管理上的责任则规定得越来越明确和细致。与此同时，中央对这一问题的关注焦点，也从最初对“流动人口子女”的强调转向对“农民工子女”的高度重视；对相关人群的受教育年限，也由“完成其常住户籍所在地人民政府规定的义务教育年限”，转至“确保农民工子女义务教育的普及程度达到当地水平”；对相关人群的收费政策，更由当初“可依国家有关规定收取借读费”转向“不得加收借读费及其他任何费用”。正是在上述“变”与“不变”之间，中央逐渐把流入地政府的责任细化和固定下来。

2. 地方层面

各地政府也出台了各种有关进城务工人员随迁子女教育的政策，例如：

①北京。公办学校准入条件方面，需要提供北京暂住证、在北京实际居住证明、务工证明、户籍所在乡镇政府出具的当地没有监护条件的证明、全家户口簿。对打工子弟学校的支持方面，全市对打工子弟学校[①]的财政投入主要包括：2007 年对批准的 63 所学校每校提供 20 万元的改善办学条件经费；2008 年对上述学校中持有相关证明材料的学生提供免学杂费补助；部分区县尝试委托农民工子女学校实施义务教育的财政投入。

②上海。2008 年确定了“三年行动计划”，规定“到 2010 年农民工子女小学阶段 70% 纳入公办学校就读、初中阶段 100% 纳入公办学校就读，剩余农民工子女全部纳入政府出资改造和提供办学成本补偿的合格民办学校就读”。公办学校准入条件方面，全市 2008 ~ 2010 年共投入资金 103.79 亿元，建设中小学和幼儿园 363 所，其中义务教育学校 144 所，提供约 15 万个义务教育学位，扩大了公办学校的接纳能力；增加公办学校接纳能力方面，凡能提供父母的农民身份证明、在沪居住证明或就业证明的农民工子女，均可申请在公办学校就读并免费接受义务教育；对农民工子女学校的支持方面，全市投入巨资改造了打工子弟学校[②]并将其纳入民办教育管理，政府出资委托其招收农民工子女。

③厦门。从 2011 年秋季开始实行所有符合条件的进城务工人员随迁子女免费接受义务教育的政策，并定下目标：2012 年全市统一义务教育阶段生均公用经费定额标准，2012 年底前在全省率先实现区域义务教育基本均衡发展，2015 年底前在全国率先实现市域内较高水平的义务教育

---

① 北京市 2011 年关停了 24 所不合要求的打工子弟学校，2012 年又有 24 所打工子弟学校被关停。

② 上海市共审批设立了 162 所这样的小学，由政府向其购买约 12 万个免费义务教育学位。对新审批的以招收农民工子女为主的民办小学，市财政还给予每所学校 50 万元办学设施改造经费，“不足部分由区县予以补足”。

均衡发展。政策中，享受免费义务教育的不仅包括在公办中小学就读的进城务工人员随迁子女，还包括在统筹的民办学校就读的且符合相关条件的进城务工人员随迁子女，政府将对相关民办学校给予一定补助。

④武汉。积极“向农民工子女敞开校门”，提出要让农民工子女“进得来、留得住、学得好”。2007 年 9 月，汉阳区在世界银行—教育部“中国农民工子女义务教育促进研究”试点项目中，围绕“改善入学、加强融合、教学促进”等三方面，从政策措施、学校管理、教师、家长四个层面探索促进农民工子女义务教育的新举措。

此外，安徽、陕西、四川等省份的诸多城市也积极响应“两为主”政策，努力为农民工子女提供机会，吸纳其到就近的公立学校就读。

（三）政策执行过程中的主要问题

1.“两为主”政策执行过程中的财政困局

当前，“两为主”政策在执行中遇到的经费问题主要包括：公共教育经费投资力度不够、政府投资主体重心过低，投资责任含糊[①]；各级、各类政府经费分担责任不明确，区县级财政压力大、公共财政覆盖面小，农民工子女学校缺乏经费保障、经费督导保障政策缺失，进城务工农民子女义务教育经费难落实[②]；流入地城市的区级政府教育财政负担加大、流入地城市的区级政府难以配置教育资源、农民工子女的直接教育成本高于城市学生[③]；农民工子女在流入地公办学校就读比例不高、农民工子

① 田恬、向婷：“我国不同层级政府间分担农民工子女义务教育经费体制的构建”，《知识经济》，2011 年第 1 期。

② 赵格红、王红：“进城务工农民子女义务教育经费分担政策分析”，《新东方》，2012 年第 1 期。

③ 范先佐、彭湃：“农民工子女义务教育经费保障机制构想”，《中国教育学刊》，2009 年第 3 期。

女学校的办学水平低、公办学校向农民工子女收取高额的借读费、赞助费[①]；经费投入主体不明、地方财政压力巨大、公办学校得不到应有支持[②]等。表面上，进城务工人员随迁子女义务教育存在的诸多经费问题主要体现在经费资源不足；但实际上，这一问题的根本原因并不主要在于资源不足，而是更多源自体制问题，即主要是义务教育财政体制问题[③]。

“两为主”政策在执行过程中，义务教育财政体制实际上要处理中央政府与地方政府、城市务工人员流入地政府与流出地政府两组博弈关系。前一组博弈关系具体表现为三个方面：首先，就现有中国财政分权和地方政府考核体系看，地方政府不存在提供义务教育尤其是流动人口未成年人义务教育的激励[④]；其次，“两为主”政策要求流入地的政府负责，财政部门要安排必要的保障经费，但并未说明由哪一级财政来保障经费[⑤]；最后，教育经费投入没有形成稳定的保障机制，使得流入地的地方

---

① 李文彬：“农民工子女义务教育政策执行阻滞研究综述”，《西北农林科技大学学报（社会科学版）》，2010 年第 1 期。

② 黄育、姜鹏：“‘两为主’政策执行：困境与超越”，《现代教育科学》，2010 年第 4 期。

③ 王金秀、方海波：“解决农民工子女义务教育问题的财政激励机制”，《华中师范大学学报（人文社会科学版）》，2008 年 7 月。

④ 自 1994 年实行分税制财政体制改革以来，我国基本上形成了“财政联邦主义”的政府间财政分权体制架构，对调动地方政府发展经济的积极性和增加国家财政收入发挥了较好的积极作用。但同时中国各级政府间出现财权上移而事权下移的状况，地方政府财力紧张。与此同时，在有限的财力支持下地方政府还面临着发展地方经济建设的重任，对于地方政府而言，将有限的财政收入侧重投入于经济建设，尤其是短时期内能够迅速提高地方经济发展水平、迅速带来收回成本带来收益的投资项目成为各地方政府的必然选择。因此，相较之下作为基础人力资本投资的义务教育由于其投资时间长，无法迅速带来收益，短期内无法拉动经济增长等原因，并不为各地方政府所重视，义务教育投入的增加只能凭借中央政府行政命令强制推行。

⑤ 地方政府财政至少可有省、市、县三个级别。由于我国特有的政治体制和行政管理模式，上一级政府可以凭借政治权力将事权强加给下一级政府，同时又可以不下划相应的财权，这样极易导致支出责任的层层下划，将公共政策的成本强加给最底层政府。目前，区、县级政府担负着主要的教育财政投入责任，实施“两为主”政策后，实际上也成为区域内农民工子女义务教育的主要财政供给者。但是，同一城市内区一级政府的财政实力并不均衡。

财政压力加大[①]。

而后一组博弈关系则表现在："两为主"政策强调流入地政府有不可推卸的责任，而流入地多数为经济发达地区，无法得到县（市、区）级以上财政支持，更别说向上级财政争取经费投入了；流出地多是经济欠发达地区，不仅可以得到中央政府的经济补偿，而且还豁免了对流出儿童的义务教育责任。各级地方政府负责本地区户籍适龄人口的就学费用，导致流入地政府和流出地政府由于经济利益而产生互相推诿。虽然流入地政府在外来务工子女教育的投入和管理上责任重大，但为了维护自身的利益，其对随迁子女教育问题只是处于一种被动的、消极的处理状态；而流出地政府应该负哪些具体责任，中央没有明确规定。流出地政府责任不明，是"两为主"政策的一个盲点，其中有关经费投入分担机制的问题是其核心，也就是流出地政府有无向流入地政府提供义务教育阶段经费的责任[②]。

2. 以升学率为标准的教育评价制度影响了城市学校对随迁子女的接纳

随迁子女由于频繁的流动性，以及自身学习条件和家庭教育环境的劣势，使得他们大多数在学习成绩与综合素养上比不上城市的孩子，相

---

① 尽管中央政府在"两为主"政策在执行过程中也会辅以转移支付为地方政府提供一定经费支持，但由于过于强调"以流入地、以公办中小学为主"却没有明确为如何对"为主"提供融资制度上的保障，因此"以流入地、以公办中小学为主"的政策必然会为流入地地方财政带来额外负担，造成地方财政紧张必定会带来公办教育资源的短缺，加之我国的城市教育缺乏前瞻性的规划和布局不够合理等问题，公办教育资源短缺的问题就显得尤为严重，带来的直接后果就是"以中小学为主"的政策在执行过程中得不到充分落实，公办中小学在接收进城农民工子女问题上不堪重负、积极性不高，大量的进城农民工子女不能享有城市优质教育，被迫在教育条件相对低下的民办打工子弟学校就读。

② 刘洁："'两为主'政策执行中的政府责任"，《重庆科技学院学报（社会科学版）》，2011 年第 11 期。

对而言，他们的升学率也就较低。当前，很多地方政府部门，乃至教育部门仍以升学率作为衡量教育质量高低的最主要指标，这就使得城市学校为了追求更高的升学率而限制随迁子女进入，甚至干脆直接拒绝接纳随迁子女入学。这样的评价机制严重影响了城市教育对随迁子女的接纳，不利于教育公平的实现。

3. 随迁子女的教育问题成为地方政府倒逼进城务工人员回乡的工具

在一些特大型城市，由于担心人口膨胀，地方政府有意通过维持从紧的随迁子女教育政策倒逼进城务工人员返乡或到其他城市中去，这就与随迁子女的教育公平形成了政策目标上的冲突。另外，由于进城务工人员的数量受到经济形势等多种因素影响，流入地政府部门往往难于预测随迁子女的数量，因此教育规划趋于保守，客观上影响了落实情况。

（四）未来政策取向及若干建议

1. 落实地方“两为主”责任，降低入学条件

一方面，需要通过增加公办学校供给、简化公办学校准入条件、规范公办学校的管理和收费来完善以公办学校为主的政策，扩大公办学校接纳农民工子女的数量，增加农民工子女平等接受义务教育的机会。当然，学位数量既包括公办学校，也应包括质量、安全等达到相关标准的民办学校（其中很重要的一环，就是真正实现义务教育资源的均等化）。流动人口规模较大的地区，有些正处于产业结构调整升级时期，流动人口的规模可能会发生大的变化。除了公办学校接纳外，通过政府购买学位的方式，对这些符合条件、吸纳进城务工人员随迁子女的民办学校予以补贴及相关政策优惠。这样既有利于防止公办学校扩张可能带来的资源浪费，也有利于规范民办学校以实现其在政府部门监管下的健康发展。

2. 鼓励地方以自身财力为主[①]，提高所有人群接受普通高中教育的机会

作为人口流入地的发达地区中心城市，主要通过城市本级财政扶持的方式，降低普通高中的入学门槛，扩大办学规模，使流动人口属地化教育能按群众意愿延伸到普通高中教育。考虑到进城务工人员随迁子女的流动类型[②]，以及政策执行的难易程度，近期不妨先解决省内流动（含县市域范围）的这一群体在流入地同等享受普通高中教育（以及参加高考）[③]，同时，在个别城市试点解决跨省流动的随迁子女同等享受普通高中教育的问题。

3. 提高中央和省级政府在教育支出中的分担比例，特别是义务教育支出分担比例

短期内破解“两为主”政策执行过程中的财政困局，尤其是在不改

---

① 根据《教育部、国家统计局、财政部关于2010年全国教育经费执行情况统计公告》，2010年全国普通小学生均公共财政预算教育事业费支出为4012.51元，其中生均公共财政预算公用经费支出929.89元；全国普通初中生均公共财政预算教育事业费支出为5213.91元，其中生均公共财政预算公用经费支出1414.33元。根据六普数据，如以6～12岁为小学适龄儿童计算，全国流动人口随迁子女小学适龄儿童数为13235307人；以13～15岁初中适龄儿童计算，全国流动人口随迁子女初中适龄儿童数为7104498人。按照上述全国平均的标准，再结合全国流动人口随迁子女义务教育适龄儿童数量，可以估算出公共财政预算教育事业费支出总量约为901.5亿元，即4012.51×13235307+5213.91×7104498（如以7～12岁为小学适龄儿童计算，则为11226837人，同理可估算出公共财政预算教育事业费支出总量为820.9亿元）。这还不包括流入地政府为了容纳更多的学生而新建学校投入的建设费。

② 我国进城务工人员随迁子女的流动，可分为跨省流动和省内流动（含县市域范围）两种类型。据研究，目前跨省流动的进城务工人员随迁子女占38.09%，省内流动的占61.91%。其中，北京、上海、天津等大都市跨省流动的进城务工人员比例比较大；而省内流动的随迁子女比例较高的地区，主要集中在湖南、安徽、河南等一些人口流出大省，这些省省内流动的随迁子女都占到当地随迁子女的90%以上。

③ 为处理好保障受教育权利和人口合理有序流动之间的关系，可考虑不以户籍为依据，而是以更为合理的在当地学籍年限、监护人参加社保的年限为管理手段，允许达到一定年限者在当地上高中和参加高考。同时，加快建立全国联网的中小学学籍管理信息网络，为实现进城务工人员随迁子女在务工地参加中考和高考创造条件。

变这一政策的前提下解决进城务工人员随迁子女义务教育经费不足、资源配置不合理问题，最关键的还是在于理顺中央与地方、地方政府之间财政分权关系，建立合理有效的分配机制并使其制度化。其中，应该区分跨省和省内流动的农民工子女，建立相应的各级政府共同分担、以省市政府为主的农民工子女义务教育经费的负担体制。

具体来看[①]：跨省流动到非直辖市的农民工子女的义务教育经费，由中央、省、市和区县四级政府分担。具体分担模式可以由各级政府协商确定，但以省级政府为主。跨省流动到直辖市的农民工子女的义务教育经费，由中央、直辖市和区县三级政府分担，以直辖市政府为主。在省内跨市和区县流动的农民工子女的义务教育经费，由省、市和区县三级政府负担，以省级政府为主。在直辖市内跨区县流动的农民工子女的义务教育经费，由市和区县政府共同分担，以市级政府为主。之所以直辖市政府承担主要经费责任，既是农民工子女义务教育跨区域准公共产品的属性使然，也是义务教育法提出义务教育经费省级统筹的要求。

二、进城务工人员随迁子女“后义务教育阶段”[②] 教育权利问题

进城务工人员随迁子女“后义务教育阶段”教育问题中，讨论较多

---

① 袁连生：“农民工子女义务教育经费负担政策的理论、实践与改革”，《教育与经济》，2010 年第 1 期。

② 后义务教育阶段主要是指高中阶段教育，其承载主体包括普通高中、成人高中和中等职业学校三类，严格说来，还包括初中后五年制高等职业教育的前三年阶段（详见佘宇、苏杨：“解决关键问题，加快推进教育事业改革和发展”，《民生为本：中国基本公共服务改善路径》，中国发展出版社，2012 年 9 月）。

的就是异地中考[①]和异地高考。相较而言，异地高考问题更为突出、各方更为关注；而且，异地高考问题解决了，异地中考问题也就能够迎刃而解了。因此，本文重点讨论一下异地高考问题。

（一）现有政策

1. 中央层面

《国家教育事业发展第十二个五年规划》中明确提出："切实保障进城务工人员子女就学"，明确提出将"推动各地制定非户籍常住人口在流入地接受高中阶段教育，省内流动人口就地参加高考升学以及省外常住非户籍人口在居住地参加高考升学的办法"。

2012年8月30日，教育部联合国家发展改革委、公安部、人力资源和社会保障部共同出台了《关于做好进城务工人员随迁子女接受义务教育后在当地参加升学考试工作的意见》，要求："各省、自治区、直辖市人民政府要根据城市功能定位、产业结构布局和城市资源承载能力，根据进城务工人员在当地的合法稳定职业、合法稳定住所（含租赁）和按照国家规定参加社会保险年限，以及随迁子女在当地连续就学年限等情况，确定随迁子女在当地参加升学考试的具体条件，因地制宜制定随迁子女升学考试具体政策，并在2012年年底前出台；教育部、发展改革委适当增加随迁子女净流入数量较大省份的高校招生计划；流出地和流入地要积极配合解决不符合在流入地参加升学考试条件的随迁子女高考问题。"

据教育部部长袁贵仁介绍，这份文件的精神有三点：一是要积极解

---

① 据统计，截至2010年12月，允许进城务工人员随迁子女在流入地参加中考的有津沪皖闽琼鲁6个省市，明确作出规定的有19个地级市（分布于冀黑吉辽等14个省）以及4个区县（分布于皖鲁鄂3省），共涉及20个省市区。各地在流入地参加中考的政策对进城务工人员随迁子女大都设有一定的报考条件，如暂住证、原籍户口、流入地初中学籍证明和父母务工证明等。

决，文件规定各地在年底前要出台解决办法；二是要有条件准入，包括家长的条件和学生的条件；三是要因地制宜，各地根据人口流动的具体状况，制定具体的办法，提出具体的条件。

2. 地方层面

部分省份已经有了相关规定。例如：广东在《深入推进基本公共服务均等化综合改革工作方案（2012－2014 年）》中提出："试行异地务工人员子女在输入地就读学校参加中考、高考；探索省内高职高专院校接受外省户籍考生的入学申请"。

山东省在《普通高校考试招生制度改革实施意见》中规定："从 2014 年起，凡在山东省高中段有完整学习经历的非户籍考生均可在山东省就地（所就学的高中段学校所在地）报名参加高考，并与山东省考生享受同等的录取政策。"

湖南省教育厅厅长、省委教育工委书记王柯敏表示："在高考制度改革方面，国家将重点研究出台进城务工人员随迁子女接受义务教育后在当地升学政策，我们要结合湖南实际出台相应的实施办法。"

表 5　　异地高考放开时间一览表

省区市	方案进度	实施时间	条件
北京	已公布过渡方案，正式方案将争取在 2013 年出台	2013 年（过渡方案）	符合条件的外地户籍学生 2013 年开始可以参加中职考试录取，2014 年开始可以参加高职考试录取。大学本科部分的录取则尚未公布放开的时间表
天津	未公布		将抓紧完善与 2013 年中考中招办法相衔接的普通高校面向随迁子女的招生考试政策
河北	已公布	2013 年	要求考生在流入地具有两年高中学籍，家长也不需要提供社保证明。按河北省教育厅、省发展改革委等部门制定的方案，随迁子女在河北省参加中考，享受与当地常住户籍人口子女同等待遇

续表

省区市	方案进度	实施时间	条件
山西	已公布	2014 年	进城务工人员随迁子女在山西省境内父母经常居住地连续 3 年接受高中教育并有正式学籍，提供家长合法稳定职业、合法稳定住所（含租赁）和高中段学籍证明
内蒙古	已公布	2014 年	符合以下 2 个条件，可在流入地参加 2014 年高考，仅限报考高职高专院校（专业）：本人具有内蒙古高中阶段学校（含中等职业学校）学籍且连续就读满 2 年；家长在内蒙古拥有合法稳定住所、合法职业且纳税（或按国家规定参加社会保险）均满 2 年。同时符合以下三个条件，可在户籍所在地参加 2014 年普通高考，并可参与本专科院校录取：本人具有内蒙古高中阶段学校（含中等职业学校）学籍且连续就读满 2 年；本人取得内蒙古户籍满 2 年。家长在内蒙古拥有合法稳定住所、合法职业且纳税（或按国家规定参加社会保险）均满 2 年
辽宁	已公布	2013 年	在辽宁省高中阶段有三年学籍，并有完整学习经历。父母在辽宁具有合法稳定职业和合法稳定住所（含租赁）
吉林	已公布	2013 年	考生在吉林省普通高中阶段有完整学习经历；其父母在该省有合法职业、合法稳定住所（含租赁）并参加社会保险 3 年以上
黑龙江	已公布	2013 年	满足本省学籍、高中连读三年、有稳定住所三个条件的考生可就近报考
上海	已公布	2014 年	持有上海居住证 A 证的来沪外来务工人员子女在上海参加高中阶段学校招生考试并完成高中阶段完整学习经历，可在当地报考
江苏	已公布	2013 年	凡在江苏省取得普通高中学籍并有完整普通高中学习经历，其监护人在本省有合法稳定职业，合法稳定住所（含租赁）的随迁子女均可参加高考
浙江	已公布	2013 年	考生取得在该省完整的高中阶段连续学习经历和学籍，符合该省高考报名的其他条件

续表

省区市	方案进度	实施时间	条件
安徽	已公布	2013 年	中考高统筹，唯一要求“高中阶段完整学籍”
福建	已公布	2014 年	有三年完整学习经历的非户籍考生
江西	已公布	2014 年	在江西高中阶段具有一年以上学习经历并取得学籍，系已知条件门槛最低方案
山东	已公布	2014 年	凡在山东省高中段有完整学习经历的非户籍考生均可在山东就地（所就学的高中段学校所在地）报名参加高考，并与山东省考生享受同等的录取政策
河南	已公布	2013 年	凡在河南省就业的非就业地户籍人员子女，父母一方有合法职业和稳定住所（含租赁）并符合以下条件的，可在学籍所在地参加升学考试，并与当地户籍考生享受同等待遇：初中应届毕业生参加中考，须具有流入地正式学籍；普通高中和中职学校（含普通中专、职业中专、职业高中、成人中专、技工学校）应届毕业生参加高考，须具有当地学校正式学籍
湖北	已公布	2013 年	具有湖北省高中阶段教育的学籍，并在湖北省完成 3 年的高中阶段教育学习；随迁子女考生的父（母）或法定监护人有合法稳定职业、在现居住地有合法稳定住所（含租赁）。符合条件的外省籍随迁子女在 2013 年 2 月 26 日至 3 月 1 日予以补报
湖南	已公布	2013 年	外省籍随迁子女接受义务教育后，可通过中考录取到流入地普通高中学习，或凭初中毕业证书通过注册入学进入流入地中等职业学校学习；自高中一年级起（含高一的第二学期）在流入地普通高中学校就读，取得就读学校学籍，并参加了湖南普通高中学业水平考试的应、往届毕业生，可凭学籍证明和其父母居住证在湖南报名参加普通高等学校招生考试；在湖南连续就读两年以上（含两年）的中等职业学校应、往届毕业生，可参加湖南省普通高等学校对口招生考试

续表

省区市	方案进度	实施时间	条件
广东	已公布	2013 年	2013 年起，通过积分入户广东的异地务工人员、高技能人才，其随迁子女可在广东报名参加高考。其他符合条件的随迁子女从 2014 年开始可以报考高等职业学院，2016 年可以报名参加高考。而广东和上海的另一项政策，都是针对积分入户或者取得工作居住证的外来人员的子女
广西	已公布	2013 年 10 月 1 日	在广西初中学校就读三年，取得广西初中毕业证书，具有广西高中阶段完整的学籍，在广西高中学校实际就读，参加广西高中学业水平考试截止年度高考报名前开考的全部科目考试，其父母其中一方（或法定监护人）在广西流入地具有合法稳定职业、合法稳定住所（含租赁）3 年以上，可不受户籍限制。没有在广西接受完整的初中阶段义务教育，申请在广西参加普通高考的外来人员，要求其必须同时满足学籍、户籍及法定监护人等三方面条件
海南	未公布		异地高考方案的研制、论证工作已基本完成，将于近日正式通过并向社会公布
重庆	已公布	2013 年	具备在重庆高中阶段三年连续完整的学籍并就读；普通高中学生家长（父亲或母亲）还应在重庆有合法稳定职业、合法稳定住所（含租赁），中职学生家长不作条件限制；符合重庆市普通高考其他报名条件
四川	已公布	2014 年	在四川就读的初中、高中毕业学生均可在当地报考在该省招生的中等职业学校。凡父母在四川有合法稳定职业和住所（含租赁），在父母就业和居住地具有高中阶段学籍和 3 年完整学习经历且符合普通高考其他报名条件的学生可在就读地报名参加普通高考
贵州	暂行规定出台	2014 年	取得贵州省初中毕业证书，高中阶段在贵州省连续就读三年，有贵州省高中阶段三年完整学籍，考生高考报名前，其父亲（或母亲）在贵州省居住，有合法稳定住所、合法稳定职业，持有贵州省居住证（或暂住证）和在贵州省连续缴纳社会保险三年以上（含三年）

续表

省区市	方案进度	实施时间	条件
云南	已公布	2013 年	考生本人户籍转入云南满三年，在云南高中连续就学时间满三年，具有相应学籍，其父（母）亲在云南具有三年合法稳定职业、合法稳定住所（含租赁）和社保缴费记录的情况，就可报考云南省属院校。而无云南户籍的考生仅可在该省报考三本、专科和高职院校
西藏	未公布		
陕西	已公布	2014 年（渐进推行）	完整学籍、父母社保缴纳证明及居住证均成为“硬指标”。符合条件的随迁子女 2014 年起可在陕西参加中考，根据考试成绩，考生可选择升入普通高中、高职 5 年制大专、中专或职业高中；2016 年开始，符合条件的外地户籍考生可在陕西参加高考
甘肃	已公布	2013 年（渐进推行）	在进城务工人员具有合法稳定职业、合法稳定住所（含租赁）并按照国家规定参加社会保险等前提下，2013 年和 2014 年在甘肃参加高考的考生仍需具有该省的户籍。2015 年起，进城务工人员随迁子女具有甘肃省连续高中三年学籍的，可在该省报名参加普通高考
青海	政策被误读，并未放开异地高考		考生及家长在高考报名前已在青落户且学籍在高考报名前已转入青海，并且其原籍省（区、市）高考科目与青海高考科目一致（不一致则由省招办按照青海省高考分值进行折算），就可以在青海参加高考
宁夏	已公布	2014 年	考生本人须在宁夏初中和高中学校连续就读满 6 年（截止日期按考生参加普通高考当年 8 月 31 日前推计算），具有宁夏高中阶段学籍和宁夏普通高中学业水平考试成绩；考生父或母（其他法定监护人）在宁夏具有连续 6 年以上（含 6 年）合法稳定职业、合法稳定住所，并在宁夏累计缴纳 3 年以上社会保险参保费
新疆	将适时出台随迁子女在本地参加升学考试的具体办法		随迁子女就地高考要有条件准入，包括家长、学生和所在城市三方面需要符合基本条件

注：原文引自“9 省区市异地高考方案出炉，多地承诺年内公布细则”，载中国经济新闻网，2012 年 12 月 27 日；后根据各地政策进展略有更新。

（二）主要问题

1. 异地高考门槛如何设定

异地高考政策背后的实质性问题是教育公平问题，而要实现相对平等的群体对待，首先就是合理设定异地高考的门槛。

一方面，如果地方政府设置的门槛过高，要求进城务工人员必须出具当地房产证（并具体到多少面积），对社保年限、连续就学年限提出极高的要求，那么能享受到异地高考政策的进城务工人员子女将会很少，真正需要从这一政策中受益的群体就无法享受应有权益。

另一方面，如果门槛设置过低则会造成更多问题（例如，高考“移民”、对流入地本地考生的不公平等），所以这一标准显得十分重要。据教育部最新文件的规定，设定这一标准的权力在省一级地方政府手中，因此，这一问题的解决又与地方政府在高考中的利益纠葛联系在了一起。

2. 地方政府在异地高考政策中的利益纠葛

正如教育部相关负责人所言，异地高考的最大困难在于“既想要解决随迁子女的考试问题，又不能影响北京、上海当地考生的权益”，而地方政府作为主要的政策制定者必将权衡随迁子女和本地考生的利益。

一方面，地方政府要保障本地考生的需求，不能因为随迁子女的到来而使本地考生接受高等教育的机会过分减小。对这一问题，教育部的解决方案是由教育部协调招生计划，将招生计划向进城务工人员子女聚集的地方倾斜，即“对符合在当地参加升学考试条件的随迁子女净流入数量较大的省份，教育部、发展改革委采取适当增加高校招生计划等措施，保障当地高考录取比例不因符合条件的随迁子女参加当地高考而受到影响”。

但另一方面，地方政府也是部属院校的支持者之一，部属院校在资金、学校发展等方面都有求于地方政府，需要得到其支持。对本地生源的招生数量，则是校方制约或者示好地方政府的砝码。通常的情况是，部属高校以提高当地录取比例的方式，对地方政府的付出给予回报。如果高校在流入地的招生计划投放增多，势必要求地方政府对其支持力度也要加大。因此，这一政策将面临教育部出政策、地方政府埋单的利益纠葛。

现行的政策是，异地高考的增招计划由教育部与国家发改委负责，地方政府负责具体实施，但没有明确提及教育融资的责任问题。考虑到我国高等教育早已推行多渠道筹资政策，地方高校几乎由地方全额融资，仅有的百多家中央直属高校也一直要求地方提供配套资金。在这一格局下，只能假设地方政府继续是这些新增学额的融资主角。我国行政体制改革一直要求事权与财权对等，为何赋予地方政府如此大的自由裁量权，也就不难理解。但是，要想落实好异地高考，真正为进城务工人员随迁子女带来切实福利，上述公平问题以及地方埋单问题，需要深入思考与做好统筹。

3. 异地高考政策可能带来随迁子女和留守儿童之间的不公平

除了随迁子女之外，进城务工人员的子女还有很大一部分仍留守在家乡[①]，他们的高考问题和教育问题也需要关注。教育部表示要适度增加流入地的招生计划名额，那么这些“适当增加”的计划分流自何处？如果招生名额不变，是否要通过削减其他低录取率省份的学额来满足京、沪等大城市的需要？对于全国考生来说，这无疑显失公平。其次，站在非户籍考生流出地的一些考生的角度看，仅仅是因为自己选择做了“留

① 《2011 年全国教育事业发展统计公报》显示，2011 年全国义务教育阶段在校生中农村留守儿童共 2200.32 万人。其中，在小学就读的为 1436.81 万人，在初中就读的为 763.51 万人。

守儿童”而不是“随迁儿童”，就无法享受京、沪等大城市的高录取率，这似乎也并不公平。

（三）改革思考

目前国务院的意见，还是在现有高考制度框架下寻求异地高考解决方案。但是，从长远看，在异地高考矛盾突出的地区，解决异地高考，必须突破现有高考制度框架，探索与高考改革相结合的思路。毋庸置疑的现实是，即便中央出面协调各地的招生录取指标，地方政府还是会根据本地的社会、经济、教育发展情况设置异地高考的条件。如此一来，异地高考问题也就无法得到根本解决。

要根本解决异地高考问题，就需要尽快推进高考制度改革，打破现行的高考分省按计划集中录取制度——正是由于这一制度的存在，才把高考录取指标变为各地的“蛋糕”，也才有高考按户籍报名的规定。如果我国实行基于统一测试的高校完全自主招生①，高考报名户籍限制也就失去存在的土壤，异地高考也就完全实现。

作为资源争夺的焦点，高校应当从不平衡的地域经济发展环境和失衡的资源分配中独立出来，实现真正意义上的“国立”，而不是“省立”、“市立”。让教育资源重新回归到统筹配置的统一轨道上来，高考才能成为全民福利和平等机会，才不至于成为被地域垄断的资源，成为某些地方民众的“福利后花园”。

至于高职教育方面，如果实行“注册入学，申请入学”，就可以取消报考高职、高专的户籍限制。换言之，进城务工人员随迁子女只要有高

---

① 当然，高校自主招生只是改革方向，从近期来看不可能成为主流，按省分配名额可能会维持较长时期。名额如何分配、央属高校如何改革等，都是下一步亟需解决的问题。

中毕业学历，都可自由申请入学，从而也就解决了占高等院校招生规模约一半左右的异地高考问题。

参考文献

[1] 阿玛蒂亚·森，让·德雷兹（Amartya Sen & Jean Dreze）. 印度：经济发展与社会机会. 北京：社会科学文献出版社，2006

[2] 周佳. 教育政策执行研究——以进城就业农民工子女义务教育政策执行为例. 北京：教育科学出版社，2007

[3] 吴霓，朱富言. 农民工子女异地中考政策研究. 北京：教育科学出版社，2011

[4] 中国进城务工农民子女教育研究及数据库建设课题组. 中国进城务工农民随迁子女教育研究. 北京：教育科学出版社，2010

[5] 2011 年我国农民工调查监测报告

[6] 高书国主编. 中国人口文化素质——从战略追赶到局部跨越（内部文稿，2012 年 10 月）

[7] 佘宇，苏杨. 解决关键问题，加快推进教育事业改革和发展. 载于民生为本：中国基本公共服务改善路径. 北京：中国发展出版社，2012

[8] 吴霓. 进城务工人员随迁子女在流入地参加中高考的问题. 求是，2012（4）

[9] 田恬，向婷. 我国不同层级政府间分担农民工子女义务教育经费体制的构建. 知识经济，2011（1）

[10] 赵格红，王红. 进城务工农民子女义务教育经费分担政策分析. 新东方，2012（1）

[11] 范先佐，彭湃. 农民工子女义务教育经费保障机制构想. 中国教育学刊，2009（3）

[12] 李文彬. 农民工子女义务教育政策执行阻滞研究综述. 西北农林科技大学学报（社会科学版），2010（1）

[13] 黄育，姜鹏. “两为主”政策执行：困境与超越. 现代教育科学，2010（4）

[14] 王金秀，方海波. 解决农民工子女义务教育问题的财政激励机制. 华中师范大学学报（人文社会科学版），2008（7）

[15] 刘洁. “两为主”政策执行中的政府责任. 重庆科技学院学报（社会科学版），2011（11）

[16] 袁连生. 农民工子女义务教育经费负担政策的理论、实践与改革. 教育与经济，2010（1）

财政补贴社保，实现高校毕业生稳定就业

从岗位提供数量上来看，国企、外企吸纳能力呈下降趋势（或基本饱和），高校毕业生的就业事实上更依赖于民营、中小企业。但是，由于岗位供给与就业期望相差甚远，高校毕业生在民营、中小企业的就业并不稳定。本文认为，为缓解当前及今后一段时期的高校毕业生就业压力，核心仍在于通过大力发展和支持民营、中小企业，不断缩小行业间的待遇差别，进而拓展高校毕业生的就业面和选择职业的空间和途径。建议将特殊群体、特殊企业享受的社会保险补贴，扩展到所有中小企业，以切实支持中小企业的发展以及增加就业数量和提高质量。

我国高校毕业生数量 2013 年增加到 699 万人，加上 2012 年毕业未就业的，合计约 720 万人待就业。未来 5 年，高校毕业生就业规模保持在年均 700 万人左右，约占每年新进人力资源市场劳动力的一半，且这一比例

原文载于《中国经济时报》，2013 年 8 月 27 日。

将进一步提高。未来一个时期，高校毕业生的就业压力仍然巨大。

一、民营、中小企业已成为接收高校毕业生的主力，但这种就业并不稳定

整体而言，大型国企单位、事业单位的入门起点高，毕业生就业数量少；外资、合资企业发展趋缓，许多企业或减员或人才流动不畅，从应届毕业生招聘数量较大幅度下降。因此，从岗位提供数量上来看，国企、外企吸纳能力呈下降趋势（或基本饱和），高校毕业生的就业事实上更依赖于民营、中小企业。

智联招聘6月9日发布的《2013高校应届毕业生就业形势报告》显示，民营企业对人才的需求量不断上涨，整体招聘数量（或应届生职位需求量）较大。规模在20~99人以及20人以下的小型企业的整体职位数量，合计占到了不同规模企业的应届生职位需求量近一半（43%）。前程无忧4月12日发布的《2013年第二季度雇主招聘意愿调查报告》显示，在创下该网站单月职位发布量历史新纪录的3月份，来自雇员人数在500人以下的中小民营企业的工作机会，占到所发布253多万个职位的66.4%。

从课题组5月中下旬在合肥、南京两地的调研情况来看，民营、中小企业作为接收毕业生主力军的特征也非常明显。例如，1~5月合肥市大中专毕业生就业指导中心所办理的1.07万签约人数中，进入民企就业的占85%，而国有单位和个体的分别占11%和4%，与2012年同期相比，国有企事业单位签约率下降了7个百分点。截至4月底，南京市已有14449名高校毕业生与用人单位签订了就业协议，其中与民营企业签约的

占72.94%，与2012年同期签约人数持平，而外资企业签约高校毕业生的能力下降，比2012年同期减少了30.89%。

但是，由于岗位供给与就业期望相差甚远，高校毕业生在民营、中小企业的就业并不稳定。这主要体现在就业满意度、岗位竞争指数、解约率等方面。由麦可思研究院撰写、社会科学文献出版社出版的《2013年中国大学生就业报告》对2012届大学生的就业满意度进行调查，结果显示“体制内”单位仍最受毕业生欢迎，而吸纳“45%本科毕业生和61%高职高专毕业生”、作为“大学生就业主战场”的民企和中小用人单位却成为不少人“退而求之”的选择。该报告还显示，2012届本科生毕业半年后在“政府机构/科研事业”的就业满意度最高，为69%；在“民营企业/个体”的就业满意度最低，为50%。高职高专生毕业半年后在“政府机构/科研事业”的就业满意度最高，为64%；在“中外合资/外资/独资”的就业满意度最低，为45%。

智联招聘的数据显示，虽然民营企业招聘数量较大，但整体竞争比（或岗位竞争指数）却最低。不同性质企业的应届生岗位竞争指数（即投递数/职位数）排在前三位的分别是事业单位（93）、合资企业（86）、外商独资企业（74），而民营企业排在最后（仅为51）。另外，从不同规模企业的数据来看，规模在20～99人以及20人以下的小型企业的竞争指数排在最后两位（分别为50和21），相比于最高73人竞争一个岗位（即规模在100～499人的企业，其竞争指数略高于规模在500～999人的企业的71），小型企业（特别是20人以下的微型企业）并不受青睐。

从课题组在南京调研的情况来看，截至4月30日，2013届毕业生办理解约的人数与2012年同期持平，其中，本科生的解约率同比上升了10.68%。本科生由于就业竞争大，就业期望值高，往往先签订一份工作

“保底”却仍然活跃于各种招聘会，有更好的就业机会就和签约单位解约，“未就业已跳槽”的现象屡见不鲜，这一现象在与民营、中小型企业签约的毕业生中表现得更为突出，解约中96%来自于以民营为主的非公企业。

二、导致就业不稳定的因素是多方面的，但核心仍在于不同性质企业间待遇等方面的差距

课题组认为，高校毕业生就业难或不稳定的问题既不能简单地归咎到大学扩招，也不能主要归咎于毕业生的就业观念。这种就业难或不稳定的背后，既有主观方面的问题，更有客观方面的原因。所谓的就业期望过高，是仁者见仁、智者见智的，实际上高校毕业生也是务实的。例如，北京青年压力管理服务中心5月29日发布的《2013中国大学生就业压力调查报告》显示，从连续5年的调查数据来看，2011年大学生平均期望月薪最高，达到5537.5元，2012年降到4592.5元，2013年则进一步下降到3683.6元。而且，期望月薪不等于实际月薪。根据清华大学的一项调查显示，近两年70%的毕业生的实际月薪比这一数字还低。总的来看，高校毕业生就业问题的产生源于就业需求不足，也源于供给方的就业意愿与就业能力不足，还源于供求匹配的效率不足。从就业需求角度来看，工作岗位的增长缓慢，与毕业生的增加形成反差。从供给角度来看，既存在毕业生不愿从事的大量工作岗位，也存在着毕业生就业能力不足而无法从事的职业。从供求匹配角度来看，主要问题是就业信息不对称，尽管高校大多成立了就业指导中心，但针对毕业生的职业指导效果整体不佳。

无论是有关报告的数据显示，还是从课题组的调研情况来看，由于受到不同性质企业间（或行业间）发展机会、待遇水平差异，以及规模、知名度等方面的影响，毕业生（尤其是本科生）对于“体制内”的热衷程度依旧居高不下，进而难以在民营、中小企业实现稳定就业。换言之，毕业生的就业（或择业）首选一般是机关事业单位，其根本原因就在于机关事业单位与企业的待遇和稳定性存在较大差距，很多民营、中小企业甚至没有被纳入社会保障制度。例如，由于小微企业面临劳动力成本高、生产成本高、税负高和融资难、扶持政策落实难等现实“压力”，因此，大多数企业只按国家政策规定给大学生交“三险”或“五险”，对于住房公积金等福利待遇却并不提供。还有，对于一些充分竞争的行业（岗位），入职者的起步薪酬本就不会太高，且并不仅针对高校毕业生这一群体。可见，当劳动力市场存在收入差距、存在福利保障差异的时候，毕业生的选择是理性的。

当然，高等教育本身也确实存在问题。正如中国劳动学会副会长兼薪酬专业委员会会长苏海南指出的那样，很多毕业生不太具备用人单位所迫切需要的工作能力，“中国的大学现在主要重知识培养，轻能力的锻炼，所以有学历没能力、有文凭没水平的情况或多或少存在着。这就导致许多用人单位希望招聘有工作经验的人，免得从头培训”。从课题组对南京和合肥两地的调研情况来看，无论是就业期望还是自身素质，高校毕业生实际上与劳动力市场需求严重不匹配（即，毕业生自身期望与市场提供岗位间存在巨大落差，同时，企业也无法从高校中招聘到高质量的人才）。究其原因，一方面，在于高校学科设置的滞后和学生选择专业时的羊群效应造成相似学科专业背景的毕业生扎堆，部分专业毕业生出现就业难的情况；另一方面，高校对学生培养依然处于科研导向型阶段，所培养毕业生的技能无法与企业需求相匹配，加之市场上各类高质量培训机构或缺失或培训效果不佳，导致企业需要花费较大成本培训新人，而这对于资金方面本来就捉襟见肘的民营、中小企业来说，恰恰是最不愿意的。

三、近期可通过政府提供社会保险补贴，缩小不同性质企业间的差距，进而实现高校毕业生的稳定就业

正如前面所分析的那样，为缓解当前及今后一段时期的高校毕业生就业压力，核心仍在于通过大力发展和支持民营、中小企业，不断缩小行业间的待遇差别（尤其是国有部门和民营企业的差别），进而拓展高校毕业生的就业面和选择职业的空间和途径。从近期各省市陆续出台的各种促进就业政策来看，也越来越多地考虑给予中小微企业优惠。

因此，建议将特殊群体、特殊企业享受的社会保险补贴，扩展到所有中小企业，以切实支持中小企业的发展以及增加就业数量和提高质量。中小企业的利润较薄，国家补贴社会保险缴费可以降低企业负担，促进中小企业发展，扩大就业，同时又可使劳动者享有基本保障，缩小与机关事业单位的差距，减轻公共部门就业的压力。这类财政补贴对就业的拉动作用肯定好于政府性投资。

例如，政府可帮助中小企业为所有员工上“五险”，员工可凭参保年限逐步享受就业地户口背后的各种福利。这是个多赢的方案。对中小企业来说，企业缴纳 1/3，员工缴纳 1/3，政府补贴 1/3，实现全员参保。这样可以稳定员工队伍，有利于技能积累；劳动供给增加，有利于控制工资增速；参保者增加，政府的社保费率可以降低。总体来说，这一政

策对企业来说，利大于弊。对政府来说，除了履行促进就业的职责，拿出1元钱补中小企业员工进入社保（即补入口），可以得到2元钱保费收入，这样就可以减少对社保支付缺口的补贴（即补出口）。整体来看，政府补贴不一定增加。

此外，政府还可以通过为毕业生提供工资补贴的方式鼓励其到民营、中小企业就业。例如，由政府提供专项资金，按照社会平均工资或略高于社会平均工资的水平进行足额补贴，提高高校毕业生的整体工资水平；也可鼓励企业提供额外补助（政府出资按照社会平均工资基数对单位的/或个人缴费部分进行补贴，或按照适当比例减免个人收入所得税），改善毕业生的工作环境和工资待遇。除了工资补贴外，加强政府组织的公共培训（通过设计科学的培训课程体系，密切联系实践，提高毕业生的动手操作能力），也是降低企业用工成本的重要途径，进而实现稳定就业。

最后，随着我国的高等教育已实现了从精英教育向大众教育的转变，其每年毕业生人数占当年城镇新就业人数（或新进人力资源市场劳动力）的比例也已逐步上升到约50%，且今后这一比例还将继续提高。这表明，整个高校毕业生在人力资源市场上的供求形势已经发生重大变化，即：由原来的以面向高级专门人才岗位为主转变为以面向中初级专门人才和高技能劳动者岗位为主。因此，从长期来看，高等教育本身也需要从学校定位、专业设置、课程安排、讲授方式、考试制度、技能设计等多方面进行改革，已适应以上这种变化。

养老与教育领域，难题如何破解

中共十八届三中全会出台的改革方案，被誉为30年来中国最具雄心的改革计划，2014年则被媒体称为中国的“全面深化改革元年”，如何落实改革措施将是2014年的重中之重。从历年“两会”来看，民生问题是仅次于经济问题之外最受老百姓关注的话题。相信在2014年的“两会”上，养老问题、高考改革问题、职业教育改革问题等依然会吸引老百姓的目光。

2014年全国“两会”召开在即，就“两会”上老百姓比较关注的养老、教育改革等话题，中国经济时报记者采访了国务院发展研究中心社会发展研究部第三研究室副主任佘宇。

中国经济时报：预计在今年两会上，有关养老的提案仍会引发关注。您认为当前养老领域存在哪些问题，应如何解决这些问题？

佘宇：当前，我国社会养老服务体系建设处于起步阶段，制度建设、

原文载于《中国经济时报》，记者吕红星，2014年3月4日。

硬件配置、人员培养等方面都存在比较多的历史欠账。在老龄化形势日益严峻的背景下，养老服务的供需矛盾将进一步加剧。

近年来，从中央到地方都加大了养老服务体系建设的力度，相关制度框架已具雏形，机构养老、社区养老及居家养老服务设施设备配置都有了大幅度提升。必须清醒地认识到，虽然社会养老服务体系建设进展很大，但整体上仍滞后于老龄化的发展形势，与老年人日益增长的养老服务需求还有一定差距。为此，应从以下几方面推动相关改革。

首先，以需求为导向，进一步明确养老机构的核心定位。养老机构的核心定位应是解决老年人，特别是高龄、失能、不能自理的老年人的护理问题，而不能仅仅停留在提供老年人社交的平台。对于这些老人，不仅需要全方位、不间断的日常生活照料方面的服务，甚至更需要及时、稳定、有效的医疗、保健和康复护理的服务，而这些恰恰是居家养老难以满足的。

其次，社会养老服务体系建设应该更加重视居家照料。养老服务体系建设的目标应是防止或尽可能避免老年人过早地进入养老机构及医院，这在大多数发达国家已是共识，但我国目前却是更偏好机构养老。偏好机构、追求床位数的结果，一则管理、服务等软件跟不上，二则出现因床位闲置导致的需求诱导，而这一需求往往并不是真实、适宜的。

第三，有效的社区服务对于老年人居家养老十分必要。可考虑将社区的养老服务中心与现有的老年人食堂、社区卫生服务中心或站、老年人协会、志愿组织等资源进行整合，为居家老年人提供尽可能全方位的服务，例如，日间照料、临时照料、饮食及送餐上门、家庭照料、康复理疗、健康教育和社会活动；当然，也可根据实际需求，配备一些临时床位。同时，将社区养老服务中心的功能予以拓展，为家庭照料、居家养老提供相应的技术等方面的指导与支持，从而真正发挥其作为“资源中心”或“支持中介”的作用。

第四，建立服务标准，为政府监管与购买服务创造条件。借鉴杭州“两标准两办法”的经验，积极培育社会化养老服务实体，为政府加强管理与购买养老服务创造条件。当然，只有经过需求评估、符合特定标准的老年人才能享受到相应的服务。一方面，通过相关法律法规或规范性文件，明确政府购买公共服务中诸如购买内容、购买对象、资金来源、购买规程、合同管理和监督、评估等项目的基础内容；另一方面，健全扶持政策，在资金、税收、项目等方面向社会组织倾斜，并通过建立合理的评估监督机制，以确保养老服务购买双方的权责一致。

最后，低级别、低工资的护理员不可能提供高质量服务。护理员需要专业化，更需要提高他们的待遇、地位及技能，来发挥他们在社会照料方面的作用。在继续完善养老护理员培训体系的同时，还需进一步合理设置护理课程与增加等级证书含金量，以促进护理的专业化、正规化，提高护理服务质量。

中国经济时报：相信在2014年两会上，异地高考的问题仍然会引起关注。您认为异地高考应注意哪些问题？

佘宇：2012年年底，在国务院要求下，大多数省份基于现有高考制度框架，公布了异地高考方案，寻求解决进城务工人员及其他非本地户籍就业人员随迁子女在当地参加高考的问题。总体而言，流入人口相对较少且高考竞争激烈的地区，门槛设置得不高；而流入人口较多且高考录取率较高的地区，门槛设置得较高。据教育部有关部门负责人介绍，2013年已有12个省市组织了4440名随迁子女在当地参加高考，而包括北京、上海、广东等在内的其他18个省区市将在今年解决随迁子女异地高考问题。

异地高考政策背后的实质是教育公平问题，而要实现户籍与非户籍人口的相对平等，首先就是合理设置门槛。异地高考资格的获得，需要用一定的条件，例如学籍年限、监护人社保参保年限等来管理。这一点已基本形成社会共识，但关键是这些条件如何设置。如果过高，能够享受异地高考政策的人数将会很少，真正需要从这一政策中受益的群体将无法享受应有权益；如果过低，则会造成诸如“高考移民”等更多问题。

也有观点认为，随着高校自主招生范围的扩大，异地高考问题存在的土壤就会部分消失。但是，高校自主招生只是改革方向，从近期来看不可能成为主流，按省分配名额可能会维持较长时期。而且，即使实现了完全的高校自主招生，国家也还必须组织统一的基本资格考试，也要建立录取名额协调机制，并在一定程度上向民族地区、偏远地区和农村地区倾斜，但不一定是以按省划分的户籍为基础。

最后，高校自主招生的影响也需要进行认真评估，自主招生试点必须与扩大透明度相匹配，不仅政策要公开透明，实施过程和结果也应完全呈现在“阳光”下，并接受舆论监督；换言之，首重公平仍应成为自主招生最重要的改革原则，招生名额分配、招生标准制定、面试考点布局等都应体现这一原则。

中国经济时报：十八届三中全会《决定》明确提出加快现代职业教育体系建设，深化产教融合、校企合作，培养高素质劳动者和技能型人才。前不久召开的国务院常务会议也就加快发展现代职业教育进行了部署。您对 2014 年两会上有关职业教育改革有哪些期待和建议？

佘宇：随着我国经济社会的不断发展，特别是教育现代化进程的不断推进，我国的职业教育结构已经从以初等和中等职业教育为主发展到以中等和高等职业教育为主。但总体而言，职业教育仍然是教育体系中的薄弱环节：从社会评价来看，存在着明显的职校生高就业率与职业教育低社会认可度的反差；从内部建设来看，存在着投入保障不足、教师业绩评价和职称体系不“现代”、校企合作未形成制度性保障、实习实训水平低等老大难问题，教育部门的职业学校与劳动部门的技工学校在教育、就业等方面也存在诸多衔接问题。

显然，不仅当前的职业教育体系不能完全适应加快转变经济发展方式的要求，职业教育自身吸引力也不够。国内外经验都说明，办好职业教育，不仅教育体系内部要做好诸多工作，功夫更多在教育系统之外。因此，应从以下方面推动相关改革。

首先，从建设就业配套机制和重构校企联合办学两方面形成合力。一是在消除社会歧视、提高具有应用技术和技能的高素质劳动者社会地位和经济收入方面，尽快出台一系列政策；同时，加大职业资格准入制度的覆盖范围和实施力度，使职业教育成为获得体面的蓝领工人岗位必需的职业通道。这样才能增强职业教育的吸引力。二是重构校企联合办学的利益结构，加强行业协会等组织建设，完善行业企业参与的质量评价体系，建立对企业和实习学生的补贴机制，尝试发展或者恢复大企业办职业学校。

其次，抓住重点，实现职业教育的投入效率、培养质量的“双提高”。一是职业教育的重点投入区域应与相关工业发展规划配套，改变目前职教资金平均投入，尤其是县县平均投入的局面；尽快出台与普通本科相当的高等职业院校生均经费标准，进一步加大职业教育基础能力专项建设投入。二是尽快建设自成体系并可与其他系统合理换算待遇的职业教育职称体系，进而构建一支符合职教规律、专业水平较高、易于从企业吸纳人才的职教师资队伍。三是继续职业教育课程改革，借鉴德国“双元制”，使职业教育更多的教学环节由企业来承担，更多的教师和学生评价有企业参与。

最后，处理好职教体系内部，以及职教体系与其他教育体系的衔接。一是理顺教育部门和人社部门之间的关系。协调学历证书和职业资格证书之间的关系，将职高、中专和“专升本”教育及人社部门所属的技校、技师学院的学籍和课程设置串联起来，统一学历教育与职业能力的评价测试标准，力争实现单部门管理。二是逐步建立左右贯通、上下衔接、体现终身学习的职业教育体系。以课程衔接为重点，职教与普教学籍逐步实现互通，为各级各类教育学制、学分、证书等级间的相互沟通提供依据等。三是逐步形成以高等职业学校为骨干、一般普通高等学校为立交的高等职业教育院校体系。部分高校的专业与产业结构、市场需求转变相结合，向应用型院校转型；同时，鼓励地方应用型本科院校向专业技术型大学转型。

义务教育资源如何均衡配置

《中共中央关于全面深化改革若干重大问题的决定》（以下简称《决定》）中，以较大篇幅阐述了“深化教育领域综合改革”内容，足见中央对教育改革的重视。《决定》强调“统筹义务教育资源均衡配置”，事关教育公平大义，切中时弊。

近年来，国家通过多种途径，基本实现并巩固了普及义务教育。目前，义务教育正从保障适龄儿童“有学上”向“上好学”的较高层次迈进，教育资源配置不均日益成为制约义务教育继续发展的主要障碍。

一是义务教育优质资源日趋集中，体现为三个“不一”。硬件配置情况不一。不同地域、不同学校、不同级别之间的学校硬件设施配置差异大，发达地区学校、城市学校、“名校”占据大量优质硬件资源、更新换代频率高。办学经费不一。生均公用经费的校际差距较为突出，仍有相当数量的农村中小学生均公用经费没有达到国家基准定额。师资水平不一。农村教师学科结构、知识结构、年龄结构失衡，同级别教师收入、

原文载于《时事报告》，2014 年第 3 期。

待遇在学校间差别较大，农村学校师资队伍不稳定。各地择校之风愈演愈烈，城市“大班额”和农村“空巢学校”矛盾并存，城乡义务教育“一头过大一头过小”畸形发展。

二是农村学校基础薄弱，学生辍学问题重现。农村地区中小学办学条件仍然落后，教学仪器设备、师资力量等硬软件配置仍不达标，课程单一，文体类课程难以按教学要求开课。此外，虽然国家出台了“两免一补”政策，但由于农村学校的撤并、新的“读书无用论”在一些西部地区抬头，部分地区初中辍学率不降反升。落后地区义务教育质量难以提高。

三是进城务工人员随迁子女、留守儿童接受义务教育情况不容乐观。义务教育阶段在校生中，进城务工人员随迁子女规模、比例不断增加，但他们无法享受与当地学生同等就学待遇，难以进入当地普通学校，不得不入读一些办学条件极差的“农民工子弟学校”。留守在农村的儿童，散居在广大农村地区，一般与祖辈生活在一起，学生父母难以直接掌握孩子学习情况。随迁子女、留守儿童受教育实际效果令人担忧。

现阶段，义务教育仍是我国教育事业的重中之重，实现义务教育资源均衡配置，是当前及今后较长时期教育领域最重要的工作。国家出台了《关于全面改善贫困地区义务教育薄弱学校基本办学条件的意见》，重点向农村、边远、贫困、民族地区倾斜，促进教育均衡。未来继续推动义务教育资源均衡配置，需要把握以下三点。

第一，实现义务教育资源均衡配置，关键是要形成明晰的制度设计，各级政府明确责任。长期以来，许多地方将义务教育“以县为主”的管理体制混同于投入体制，使本应由各级政府分担的投入问题变为由管理者主要负担，造成事权和财权严重不对称，县级财政难堪重负。按照

《决定》提出的“建立事权和支出责任相适应的制度”的要求，各级政府在义务教育中责任将得到进一步明确合理地确认、划分，既定的“收支两条线”管理规定也将更加严格地执行。在建立完善全国统一的义务教育投入标准和学校标准化建设体系后，各级地方财政按照标准进行统一投入、中央财政对欠发达地区进行补贴的义务教育均衡投入体系也将基本成型，保障投入到位。财力相对雄厚的山东省潍坊市自2012年全面实施普通中小学标准化学校建设以来，共投入资金55.1亿元，1000余所义务教育学校办学条件标准化基本达标；相对欠发达的甘肃省兰州市也将在今年（2014年）完成100所义务教育标准化学校建设。学校硬件配置实现基本均衡是教育资源均衡配置的基础，教育部今年3月对学校桌椅等配备情况展开专门督导，以督促地方政府落实义务教育投入。

第二，实现义务教育资源均衡配置，核心在于教师资源的均衡，这取决于教师能否实现真正流动。“校长教师交流轮岗”被明确纳入新一轮“深化教育领域综合改革”。实际上，近些年各省市、地区也不乏积极探索。但要注意到，目前的交流轮岗对于相当一部分教师不具备强制性，又难以保证教师在各岗位上的薪资待遇、职业发展的一致性，因此教师参与度不高。如何推动教师交流轮岗的制度化、规范化将是下一步改革的重点工作。未来，一方面要让交流轮岗将成为教师工作业绩考评、职称晋升的必要条件；另一方面还要保障轮岗后教师待遇，减少他们的后顾之忧。目前，湖南省长沙市就在全面实施教师津补贴制度的基础上，规定校长、教师在一个学校连续服务期满6年，由本级教育行政部门统一安排，定期在本区域范围内薄弱学校与优质学校之间交流。

第三，实现义务教育资源均衡配置，还要进一步严格执行既有的就近入学政策。学生资源与硬件、师资等资源一样影响着教育质量，积极主动调整学生资源的均衡配置，能促使学生资源和教师资源均衡配置的良性循环。可以说，免试就近入学既是义务教育体现公益性、公平性的法定要求，也是义务教育均衡发展的应有之义。成都市近年来强力推行按户籍划片就近入学制度，有力扼杀了“择校风”。这一实践说明，推进学生资源的均衡配置需要各级政府主动作为。教育部近日下发通知，点名要求 19 个重点大城市制定完善免试就近入学方案，明确小学和初中划片入学的目标比例和实行的时间表，进而将“破解择校难题”落实，促进教育公平。

高考改革——“公平原则”开路

高考制度无论怎么改，都必须首重公平。

高考改革若是改掉了公平，就等于“革”了自己的“命”。

2014 年 3 月 12 日，民进中央在全国“两会”上提交的关于高考改革的集体提案再次吸引考生及家长关注。3 月 10 日，教育部部长袁贵仁在人民大会堂回答记者提问时也曾表示，高考改革方案正在加紧论证，其科学性、可行性和风险性正待考证。

国务院发展研究中心社会发展研究部第三研究室副主任佘宇在接受中国经济时报记者采访时表示，从利益相关者角度来看，高考改革至少涉及政府、高校、中学、学生及家长等各方利益，彼此诉求的差异与相互之间的博弈不可避免，对高考改革的方向与进展都会产生不同程度的影响。但必须强调的是，高考制度无论怎么改，都必须首重公平，尤其是入学机会的公平。高考改革若是改掉了公平，就等于“革”了自己的“命”。

原文载于《中国经济时报》，记者金晨曦，2014 年 3 月 18 日。

“多元化”，考生“利弊对半得”？

21 世纪教育研究院副院长熊丙奇在接受本报记者采访时提出，高考改革方案打破了统一化、“科举化”的标准，实现了多元化、个性化的招考制度。而这种模式的教育是我国今后教育发展的方向。

“本次的改革制度涉及自主化招生部分，实质是增加了学生的选择权。”熊丙奇说，这多少降低了大学在招生时的强势地位。大学占据强势地位会导致：第一，学生没有监督权。第二，学生没有评价权。第三，相关腐败问题会滋生。熊丙奇认为，一旦学生有了更多选择权，很多核心问题也会迎刃而解。

按照改革方向，物理、化学、政治、历史、地理、生物等科目高考不再考，会实行高中学业水平考试，成绩将会在高考成绩中占一定权重。另外，学生高中阶段的综合素质评价，包括从事志愿者、对社会服务等综合评价，也会在高考中占一定比重。

然而高考只考数语外，意味着关注理化生、史地政学科的院校需要有统一参考标准，要么是高中学业水平考试相关科目成绩，要么通过申请、面试等二次测评获得适合生源。

余宇向本报记者预测了改革可能遇到的困难与问题，他认为鉴于高考在目前仍是大多数人实现向上流动的重要通道，高考制度的改革将不仅涉及个人，也会产生一定的政治影响。简单来说，高考改革至少涉及以下几方面的重点和难点问题，即：考什么？考试内容及科目如何确定；怎么考？考试形式是政府统一组织还是高校单独招生、考试次数是一次还是多次；如何命题？全国统一命题还是分省单独命题；怎样录取？依据高考分数统一录取还是分省定额录取，等等。

“评价制度不变，所有的高考改革探索都是无形中给家长和孩子增加压力，所有创新的意识和举措可能都会成为一种额外的负担。”江苏省南师附中教研室主任卢新建在接受媒体采访时说，他认为必须逐步推行普通高校基于统一高考和高中学业水平考试成绩的综合评价多元录取机制。

谈到需要制定的相关标准时，余宇表示，高校自主招生的影响也需要进行认真评估。自主招生试点必须与扩大透明度相匹配，不仅政策要公开透明，实施过程和结果也应完全呈现在“阳光”下，并接受舆论监督；换言之，首重公平应成为自主招生最重要的改革原则，招生名额分配、招生标准制定、面试考点布局等都应体现这一原则。

“一增一减”引争议

从2016年开始，北京高考英语科目分值下降，将实行一年两次的社会化考试，学生可多次参加，按最好成绩记入高考总分，成绩3年内有效。

北京市人大代表、北京汇文中学校长陈维嘉提醒，2014年与2013年的高考难度基本持平，2016年高考语文要从150分增加到180分。

“高考语文和英语‘一增一减’，说明要更加注重国文教育，对英语降温，打破一考定终身的格局。”全国政协委员、安徽大学党委书记黄德宽接受媒体采访时说，“英语作为一门语言工具，不能要求每个中国人都像学母语一样学习它。我们更应该注重国学教育和传承，让孩子有更多时间和精力传承自己的语言文化，树立民族自信。”

熊丙奇表示，英语的高考改革并不是直接转变为英语社会化考试，而是时间上的变更，即“一年两考”。而真正的社会化考试是由社会机构主持，相关机构参加，大多数认可，各级政府人事部门以“市场化”、“社会化”为选拔范畴，以“公平、公正、公开”为基本准则的选拔人才的形式。此次改革并未实现真正的英语社会化考试，而“一年两考”改变了“一考定终身”的历史局面，但是“会增加考生的负担”。

家住黑龙江，省重点高中高一学生刘某在接受本报记者采访时表示，如果英语改成“一年两考”会增加自己的学习负担。同班成绩优异的学生都很刻苦，一旦有“刷分”的机会，大家都会更加努力。黑龙江的高考试卷是全国卷，如果改革，势必会增加考生的负担，也会带来更大的学习压力。

“英语一年多考，我们肯定支持，这避免了一考定终身，让孩子有更多的机会公平竞争，考出实力，不会因为高考时出现一点失误而影响一生。”河南市民陈女士是一位高三学生的母亲，她表示，只要是有利于孩子学习、上大学的改革，家长都会支持。

佘宇认为高考改革十分复杂，也非常敏感。因此，有必要从历史和现实经验出发，深入研究高考改革涉及的上述关键性问题，既要有整体设计和统筹考虑，又要有重点、有阶段、有层次、有步骤，积极稳妥，有序推进。

加强幼儿园安全，我们需要做什么

3 月以来，兰州市、西安市、吉林市、宜昌市、银川市等地，相继爆出幼儿园给幼儿喂“病毒灵”或板蓝根的消息，引起不少家长的担忧。由于被曝光的基本都是民办幼儿园，加上之前民办幼儿园频出虐童、校车事故等问题，再次把民办园推到风口浪尖。

事件发生后，教育部和卫计委做出回应，要求各地立即组织力量开展幼儿园及中小学校健康服务管理的拉网式排查，重点检查行政区域内幼儿园是否有违规组织幼儿群体服药的行为。但家长们的疑问并未消除。幼儿园究竟怎么了？如何保障幼儿园安全呢？

教职工专业队伍建设需加强

国务院发展研究中心社会发展研究部第三研究室副主任佘宇在接受中国经济网记者采访时表示，“喂药”事件的发生，从侧面反映出加强学

原文载于《中国经济网》，《经济日报》记者韩秉志，2014 年 4 月 7 日。

前教育机构人员队伍建设，尤其是卫生保健人员队伍建设的重要性和紧迫性。

“从我们调研的情况看，学前教育机构卫生保健人员队伍主要存在三方面突出问题。首先，人员配备不足，专职人员少，转岗或兼职的多；其次，人员学历结构低，专业能力不足；第三，由于待遇偏低、工作量大、缺乏职业晋升空间等因素，人员队伍较不稳定。上述问题的存在，直接或间接影响着卫生保健人员的日常行为，进而影响到在园幼儿的身心健康成长。”佘宇说。

“就‘喂药’事件来说，需要进一步加强日常监督管理和业务培训工作，将卫生保健人员继续教育学习的情况纳入幼儿园的考核评定之中，切实提高卫生保健质量。”佘宇说。

在中国教育科学研究院研究员储朝晖看来，“被喂药”事件的发生，主要原因在于幼儿教育投入不足和不专业。不专业主要体现在缺少专业资质人员和管理缺乏专业的程序。

储朝晖指出，一些地方把幼儿园教师工资与出勤率挂钩，显示了学前教育结构管理程序不规范。各地政府关于幼儿园的收费细则和幼儿园内部管理规则中，应尽快删除将幼儿园教师工资与幼儿出勤率硬挂钩的规定。

佘宇表示，加强学前教育机构人员队伍建设方面，要严格此类关键、重要岗位的人员准入管理，新进人员须具备医学专业中专及以上学历，并取得上岗培训合格证。同时，也要探索人员业务发展和职称晋升渠道，就近参加基层卫生机构定期组织的业务培训和管理，参与全科医生团队服务工作。

监管体系亟需完善

佘宇表示，“被喂药”事件的发生，除暴露部分学前教育机构从业人员职业操守、专业伦理缺失的问题，也显示了教育、卫生计生、药监等行政部门联动监管“缺位”或存在“盲区”的问题。

储朝晖指出，很多幼儿园的管理，保育和教育的专业水平仍然较低。长期以来有关部门对幼儿园的管理最典型的做法就是行政管理，这包括园长行政上任命，或者是出资人认为谁能当园长就让谁当园长。

“一些园长没有专业资质，导致在日常的保教行为中主要凭主观臆断，或者根据上级指令进行保教活动。这样即便在幼儿园中有专业人员对此有判断，也可能因为现有管理体制而不能发挥作用。”储朝晖解释说。

对此，有专家指出，加强幼儿园的监督与监管，让家长更广泛地参与到幼儿园的运行与管理当中十分必要。

中国经济网记者采访时了解到，在一些欧美发达国家，除政府部门对幼儿园的教师资格、学生档案、固定设备等有严格的要求和监管外，幼儿园也会成立家长委员会，让家长更多地参与到幼儿园的日常管理中。家长代表会定期或不定期考察园内的饮食、教学等并提出意见，督促园方改进。

在我国，早在2012年，教育部就制定了相关指导意见，并明确提出有条件的公办和民办中小学和幼儿园都应建立家长委员会。家长委员会应针对学校教育和家庭教育的突出问题，重点做好德育、保障学生安全健康、化解家校矛盾等工作。不过，国内目前尚少有幼儿园成立家长委员会，即便是成立了，也往往因为园区的不配合或家长的疏于关注而成为摆设。

“实际上，幼儿园是一个很复杂的教育系统，甚至比小中学、大学还要复杂。家长需改变观念，积极参与园区监管，切实起到保障孩童权利、监督园区运行的作用。”储朝晖说。

佘宇认为，对于问题频发的民办幼儿园，政府部门应当寓动态监管于日常服务之中，激励与约束并举，从安全监督、办园方向、业务指导、人员轮训等多方面入手，调动其参与整改的积极性，使其逐步走上健康发展的道路。

学前教育投入需进一步加大

根据《国家中长期教育改革和发展规划纲要（2010 - 2020）》，到2020年，学前教育毛入园率要达70%。我国在实施学前教育三年行动计划后，学前教育的投入虽然从过去的1.3%提高到2012年的3.3%，但相比需求仍明显不足。

记者就幼儿入园问题随机采访了为孩子选择上民办园的家长，他们提出的理由各不相同。有的是因为地理位置，还有的是因为孩子年纪过小，无法就读公立幼儿园，也有家长希望选择更有特色的幼儿园。

佘宇表示，民办园特别是那些中低端园、无证园，具有入园手续简单、保教费用较低、接送时间灵活等“优势”，客观上的确缓解了公众尤其是进城务工人员、低收入群体基本的学前教育需求。但是，由于此类幼儿园往往办园质量难以保证、办园行为不规范，且大多存在消防、卫生、食品等多方面的安全隐患，成为安全事故的“高发地”也就在所难免。究其原因，除了个别地方政府不作为、“睁一只眼闭一只眼”外，根源仍在于公益性、普惠性的学前教育资源供给不足。

根据教育部学前教育三年计划第二期的要求，继续扩大城乡学前教育资源总量，被列为今后三年的首要任务。北京师范大学学前教育系教授刘焱认为，在扩总量的同时，同样需要在提高学前教育质量上下功夫。目前，在全国各地的幼儿园里，教师有岗位无编制、工资待遇没有吸引力等原因影响下，幼儿教师资源匮乏，甚至志愿成为幼儿教师的免费师范生都越来越少。对此，她呼吁政府将发展资金逐渐投向学前教育机构的运转上，尽快解决幼儿教师的待遇和编制问题，这样才能办好学前教育。

“以卫生保健人员为例，应统筹解决此类学前教育机构人员编制或待遇问题，可通过当地卫生计生部门予以资格审核及培养、派驻，费用、编制等另行确定。比如，可采取类似于设置公益性岗位、由政府购买服务的方式提供，至少做到待遇水平与编制内的差距不大。”佘宇说。

储朝晖认为，当前学前教育缺乏独立和明确的政府投入机制。绝大多数地区幼儿园教师工资和日常运行还是要依靠收费为主。民办园缺少国家的财政支持，在财政方面更是吃紧。

今后还需进一步加大对学前教育的经费投入，重视对幼儿园人员经费和公用经费的投入，重视提升学前教育的质量，满足人民群众送孩子“上好幼儿园”的普遍需求。

推进基础教育信息化需要注意的若干问题

教育信息化是国民经济和社会信息化的重要组成部分，是构建现代国民教育体系、形成学习型社会的内在要求。其中，作为提高国民信息素养的基石，基础教育信息化更是成为教育信息化的重中之重。从现实情况来看，推进基础教育信息化仍然面临诸多的困难和挑战，特别是区域之间、城乡之间、校际之间的教育信息基础设施仍然存在较大差距，基础教育信息化的发展还很不均衡。对此，本文认为，推进基础教育信息化，必须首重均衡和公平，对薄弱地区采取倾斜性的政策；必须统筹硬件设施、软件资源和人员队伍三方面建设；必须立足国情，以适宜标准、应用驱动为原则；必须把基础教育信息化纳入深化教育领域综合改革全局考虑。

信息技术对教育发展具有革命性影响，必须予以高度重视。《国家中

原文载于《国务院发展研究中心调查研究报告》第79号（总4578号），2014年5月15日。

长期教育改革和发展规划纲要（2010－2020年）》（以下简称《教育规划纲要》）明确了教育信息化在我国教育改革与发展规划中的地位，提出“重点加强农村学校信息基础建设，缩小城乡数字化差距，……继续推进农村中小学远程教育，使农村和边远地区师生能够享受优质教育资源”的任务要求。党的十八届三中全会作出的《中共中央关于全面深化改革若干重大问题的决定》（以下简称《决定》）明确提出，“大力促进教育公平，……构建利用信息化手段扩大优质教育资源覆盖面的有效机制，逐步缩小区域、城乡、校际差距”，更是为我国教育信息化未来工作的开展指明了方向。

一、我国基础教育信息化的发展现状及存在问题

教育信息化是国民经济和社会信息化的重要组成部分，是构建现代国民教育体系、形成学习型社会的内在要求。20世纪90年代以来，国家实施了一系列重大工程和政策措施，为教育信息化发展奠定了坚实基础。经过几十年的不懈努力，面向全国的教育信息基础设施体系初步形成，城市和经济发达地区各级各类学校已不同程度地建有校园网并以多种方式接入互联网，信息终端正逐步进入农村学校；数字教育资源不断丰富，信息化教学的应用不断拓展和深入；教育管理信息化初见成效；网络远程教育稳步发展，为构建终身学习体系发挥了重要作用。

资料显示，目前，全国与公共网络互联互通、“天地合一”的教育信息骨干网络基本形成，全国中小学实现网络接入的比例已由2011年的不足25%上升到58%，其中10M以上宽带接入学校的比例已达35%；基础教育阶段学校平均生机比已由2008年的19∶1提高到2012年的11∶1；

全国义务教育阶段学校已建设多媒体教室160多万间，占教室总数的41%，50%以上的学校已实现至少拥有一间多媒体教室，学校网络条件下教学环境逐步改善。

可以说，随着国家的重视程度和支持力度不断加强，基础教育信息化得到快速发展，对于促进教育公平、提高教育质量、创新教育模式的支撑和带动作用已经初步显现。但是，基础教育信息化在推进过程中也存在失衡问题。例如，经济条件好、交通方便、信息化基础较好的地区，往往推进基础教育信息化更为便利，更容易成为基础教育信息化的“优势群体”；而中西部欠发达、信息化基础较为薄弱的地区，通常整体落后于教育信息化的步伐，实际上却成了基础教育信息化的“弱势群体”。因此，推进基础教育信息化仍然面临诸多的困难和挑战，特别是在现实中，区域之间、城乡之间、校际之间的教育信息基础设施仍存在较大差距，基础教育信息化的发展还很不均衡。

首先，从建网学校比例来看：义务教育段建网学校比例的城乡差距逐年扩大，小学从2001年的9.74个百分点扩大到2010年的52.11个百分点，初中从2003年的23.20个百分点扩大到2010年的28.94个百分点；普通高中建网学校比例的地区、省际差距依然较大，2011年东部地区建网学校比例达到89.0%，西部则为69.2%，西藏、新疆、云南3省区更是低于60%。其次，从每百名学生拥有计算机台数来看：义务教育段城市学校计算机条件明显好于农村学校，小学每百名学生拥有计算机台数的东部与中西部差距逐年拉大，东中比从2003年的1.90：1扩大到2010年的2.63：1，东西比从2003年的2.02：1扩大到2009年的2.55：1；普通高中每百名学生拥有教学用计算机台数的地区、省际差距明显，2011年东部地区为14.5台，中部地区为8.5台，西部地区为9.2

台，相较于北京、上海超过40台，河南、贵州、湖北、西藏4省份不足8台。此外，普通高中每百名学生拥有多媒体教室座位数的地区差距也较大，2011年东部地区为53.6个，中部地区为24.2个，西部地区为29.6个，西藏、河南、黑龙江、贵州、吉林、四川6省份不足20个。

除了上述教育基础信息设施（指标）的不均衡外，基础教育的教师信息技术能力及培训仍然比较薄弱，配套措施方面还存在较多不足。具体表现在：义务教育段校均信息技术教师仍处于不足状态，小学2010年为0.42人（不足初中的1/3），农村初中的校均信息技术教师数比城市初中的少1.1人；普通高中校均信息技术教师数在地区间仍存差异，2011年东部地区校均信息技术教师数为3.2人，中部和西部地区均为2.5人；普通高中专任教师信息化培训机会在地区间也存在差距，2011年东部地区的专任教师数与信息化培训人次比为1.4∶1，西部地区为1.6∶1，中部地区却达到了2.1∶1。不仅如此，相关调研还显示，有的教师教育技术能力培训内容较为陈旧，且偏重于通用计算机软件使用能力，与信息化学习环境相关度不高；与实际课程教学相关的多媒体教学、信息化学习环境的培训内容较为缺乏；信息技术在很多学校仍处于浅层应用状态，并不能较好地支持课题教学方式的变革；等等。

二、抓住关键问题，推进基础教育信息化

基础教育信息化是提高国民信息素养的基石，是教育信息化的重中之重。在基础教育各阶段中，义务教育又是整个国民教育的核心内容，是教育公平的基础，促进义务教育的均衡发展也就毋庸置疑地成为基础教育信息化的重点。有鉴于此，推进基础教育信息化，需要把握好以下几点。

首先，推进基础教育信息化，必须首重均衡和公平，对薄弱地区采取倾斜性的政策。正如《教育规划纲要》和《决定》明确指出的那样，基础教育信息化的根本目的，在于更好地实现教育资源均衡和大力促进教育公平。因此，推进基础教育信息化，重点仍在于农村和边远地区。特别是针对上述地区缺少师资、开不齐课、难以共享优质教育资源等现实困境，教育信息化将成为除政府加强投入之外的又一重要手段。国际经验也表明，为加快缩小教育差距，避免出现教育不平衡现象，往往需要采取倾斜性的教育信息化政策。例如，为帮助贫困地区和农村学校、图书馆跨越“数字鸿沟”，美国于1997年实行折扣补助计划，由联邦政府通讯委员会每年从通讯服务基金中向有待帮助的学校、图书馆提供超过19亿美元的高速上网、Internet配线和长途通信的费用折扣，降价幅度为20%至90%。又如，韩国在普及信息化教育方案中，提出将计算机等信息基础设施首先普及到农村、渔村、岛屿和偏僻地区以及城市中的低收入地区，并提供必要的行政和财政支持，以提高学生接触信息技术机会的均等性。可见，在基础教育信息基础设施建设时，必须优先发展边远、落后的中西部及农村地区，对受教育的特殊群体给予积极关注，对经济欠发达地区实施倾斜政策，进而实现基础教育信息化的均衡发展，并使广大师生都能够享受优质教育资源。

其次，推进基础教育信息化，必须统筹硬件设施、软件资源和人员队伍三方面建设。计算机、网络等硬件设施是基础教育信息化的基础，软件资源则是基础教育信息化的核心，教师、学生等人员队伍是基础教育信息化的主体。推进基础教育信息化建设，不仅仅是硬件设施的发展和更新换代，以及软件资源的开发和使用；更为重要的是提高教师应用信息技术的水平，以及鼓励学生利用信息手段主动、自主学习和分析解决问题的能力。因此，推进基础教育信息化过程中，既要防止重“硬”轻“软”的倾向，也要避免重“物”轻“人”的问题。一方面，要加强软件资源、精品课件等开发，把更多更好的优质教育资源挖掘出来并实时更新，基本建成与各学科门类相配套、动态更新的数字教育资源体系。另一方面，硬件也好，软件也罢，只是信息化的手段，始终是为教育教学服务，发挥辅助教学的作用；而“人”却是信息技术的使用者，人员队伍的信息化，既是基础教育信息化的重要组成部分，也是推动基础教育信息化的重要力量。其中，教师的理念和能力更是决定基础教育信息化成败的关键因素。可见，提升教师信息技术应用能力，加快构建相应标准与测评体系，完成教师全员培训等应成为下一步工作的重点。

第三，推进基础教育信息化，必须立足国情，以适宜标准、应用驱动为原则。由于各地经济社会发展水平的现实差异，基础教育学校的信息化基础设施条件仍存在较大差距。为缩小基础教育的数字鸿沟，尽快开展信息化达标建设工作，提升学校信息化建设基本配置与应用水平十分必要。从基本公共服务均等化角度理解，达标建设的核心就是信息基础设施配置水平的标准统一，从当前及今后很长一段时期来看，应重在促进公平而不是追求特色和高新尖，且必须强调“适宜水平”、“既提低又限高”，避免脱离国情、不切实际、不顾效果的“高标”配置与“超前”推进。对于那些基础设施条件较差、人员信息化自我服务能力较弱的地区，政府应从人、财、物等方面加大政策倾斜，尽快实现这些地区基础教育信息化水平的全面提升；而对于那些已具备一定基础设施条件、人员信息化自我服务能力较强的地区，基础教育信息化的重点则在于如何解决好填平补全的问题，关键就是让教师和学生会用和用好信息技术。概言之，基础教育信息化建设必须强调以应用为中心，以紧贴教师和学生的现实需要为出发点，使信息技术深度融入日常教学和管理服务之中；不应是片面去追求技术的先进性，而是更加强调实际应用的深度和广度。

最后，推进基础教育信息化，必须纳入深化教育领域综合改革全局考虑。基础教育信息化的推进过程中，既涉及与教学、科研、管理等方面融合的观念理念、体制机制等问题，又涉及经费投入、人员队伍建设等问题；既涉及如何通过信息技术解决当前基础教育领域面临的实际问题，又涉及如何形成保障基础教育信息化全面、协调、可持续发展的长效机制。可以说，基础教育信息化本身就是一项长期的系统工程，尤其需要注重整体规划和加强顶层设计。正是从这个意义上说，推进基础教育信息化，必须纳入《教育规划纲要》和《决定》提出的教育领域综合改革全局考虑。同时，也必须注意到，基础教育信息化的顺利推进，还有赖于相关领域特别是人、财、物等方面配套措施的完善；换言之，仅靠信息技术本身并不能完全解决基础设施薄弱、资源共享共建水平偏低、区域发展不均衡等所有现实问题，还需要其他方面（例如，财政投入、教师、学生等方面的资源均衡配置）的政策支撑和制度保障。只有着眼于深化教育领域综合改革全局，才能最终实现缩小区域、城乡、校际乃至不同人群间的基础教育数字鸿沟、促进优质教育资源共享的目标。

参考文献

[1] “教育信息化建设与应用研究”课题组．我国教育信息化建设与应用现状调研与战略研究报告．北京：高等教育出版社，2010

[2] 顾明远，石中英．《国家中长期教育改革和发展规划纲要（2010－2020年）》解读．北京：北京师范大学出版社，2010

[3] 规划编制专家组．《教育信息化十年发展规划（2011－2020年）》解读．北京：人民教育出版社，2012

[4] 刘芳等. 中国义务教育发展报告 2012. 北京：教育科学出版社，2013

[5] 陈如平等. 中国普通高中教育发展报告 2012. 北京：教育科学出版社，2013

[6] 杨润勇等. 中国农村教育发展报告 2012. 北京：教育科学出版社，2013

[7] 刘延东. 把握机遇，加快推进，开创教育信息化工作新局面——在全国教育信息化工作电视电话会议上的讲话，2012-09-05

[8] 黄蔚. 优质资源跨越千山万水——教育信息化推动教育改革发展综述. 中国教育报，2014-03-19

早期干预，阻断贫困第一关

儿童早期发展是影响人生的第一关，让他们起点公平，才能实现全面发展、和谐成长。

投入背后是理念和发展路径问题，推进教育均衡，要让落后者先跑。

生长发育和成长教育是主要差距

农村儿童的“起跑线”指什么？

“这个‘起跑线’应符合儿童身心发展规律，针对的是如何成长为一个‘和谐的人’，包括与自身的和谐、与他人的和谐、与社会的和谐、与自然的和谐、与知识的和谐，等等。”国务院发展研究中心社会发展研究部第三研究室副主任佘宇副研究员认为，儿童早期发展是影响人生的第一关，只有在“第一关”起点公平，才能最终实现全面发展、和谐成长。

佘宇分析，当前城乡儿童早期发展有两个主要差距：一是生长发育，

原文载于《人民日报》，记者赵永平，2014 年 5 月 18 日。

二是成长教育。

从生长发育来看，儿童营养状况城乡差异明显。调查显示，农村儿童低体重率和生长迟缓率约是城市的3～4倍，而贫困农村又是一般农村的2倍。2010年贫困地区5岁以下儿童有20%生长迟缓，6～12月龄农村儿童贫血患病率高达28.2%。佘宇说，营养不良影响农村儿童的身体健康和智力发展，使他们在起点上落后于城里的孩子。

从成长教育来看，农村教育在启迪心智、完善人格、培养能力等方面的状况也不容乐观。佘宇说，据统计，我国农村留守儿童有6100多万，占农村儿童的37.7%，他们中的许多得不到父母照顾，不同程度存在性格缺陷和心理问题。另外，中西部地区大多数农村寄宿学校配套设施不齐全，生活教师、医务人员等没有专门编制，“健康看护”作用难以发挥。

“如果不解决贫困儿童早期发展问题，贫困代际传递、贫富差距拉大等社会问题将不可避免，势必影响整个国家经济社会的可持续发展。”佘宇说。

早期干预经济有效，投入1元回报10元

“农村儿童发展问题首先是投入问题。”佘宇认为，农村贫困地区往往资源匮乏，一些地方仍是“吃饭财政”，短期内靠地方财政加大农村教育投入的难度很大，一些地方更是把“以县为主”的管理体制解读为经费投入体制，因此，建立合理的财政分担机制极为重要。

如何投入最有效？佘宇说，事实上，越来越多的国家将反贫困政策重点转向人力资本投资，加大对儿童早期发展的投入。一些国家的项目

评估显示：对儿童发展的早期干预每投入 1 元，长期回报高达 10 元。国内一些研究机构对此也有一些有益探索。实践表明，对农村儿童进行早期干预是一条最经济、最有效的反贫困途径。

佘宇说，国家已经意识到儿童发展的城乡和地区差异，有关部门也采取了一系列举措。但农村贫困地区儿童早期发展在制度上还需进一步完善。比如，除“校舍改建类”等极个别专项经费外，没有更多瞄准贫困地区的儿童早期发展投入；有的贫困地区虽有专项扶贫资金，却没有用于儿童发展项目。

让落后者先跑，财政投入多向农村倾斜

“不让农村儿童输在起跑线上，就要给予他们更多支持，让落后者先跑。”佘宇直言。

首先要破除城乡二元教育体制，推进教育均衡。完善投入保障体制，财政投入更多向农村倾斜。对集中连片贫困地区的 4400 万儿童，率先实施营养保障、早期教育和义务教育全覆盖。加大寄宿制学校建设力度，配齐生活及心理辅导教师并纳入编制。提高农村教师待遇，稳定现有教师队伍，吸引更多优秀教师到农村任教，逐步实现教育资源均衡配置。同时，加大户籍制度改革力度，让跟随父母进城的儿童有学（园）上、上好学（园）。

另外，明确农村学前教育的目标定位，更加突出“保育”优先，逐步向“保教结合”方向发展。作为社会人，农村儿童的健康成长需要家庭、学校共同承担，绝不能忽视家庭的影响，政府应搭建家校合作的平台，并提供家庭教育指导和儿童早期综合发展服务。

最后，要强调政府责任，建立农村儿童发展综合评价体系，并纳入地方政府考核，确保每一分钱都花在儿童身上。

“投入的背后，更是理念和发展路径的问题。”佘宇认为，从外部环境看，让农村儿童有一个公平起点，治本之道仍在于提升农村基本公共服务水平、建设与发展好农村，尤其是在城镇化进程中严防“农村的凋敝”。

现阶段素质教育的推进和改革

素质教育是我国改革开放实践，尤其是教育改革深化和发展在思想上的产物。现阶段素质教育的推进和改革，必须回到传统，回到素质教育本身的内涵中去，以便明晰概念，明确问题，并提出最为恰切的改革思路。素质教育的核心是培养什么样的人、怎样培养人，重点是面向所有的学生，促进学生的全面发展，着重培养学生的实践能力、社会责任感和创新精神。经过近些年的努力，我国素质教育的推进取得了很大进展，产生了积极影响，在一些重点环节上实现了突破，在一些先进地区取得了明显成效。但是，影响素质教育推进的体制性障碍和政策性问题仍然存在，不少问题亟待解决。对此，本文从加强中小学德育工作、加强中小学体育工作、深化教育教学改革、深化考试招生制度改革四方面提出了进一步推进素质教育的思路与建议。

原文载于国务院发展研究中心2013年重大课题“全面提高我国基础教育质量与水平研究”。执笔人：佘宇、单大圣（国务院发展研究中心）、徐宗阳（北京大学）。

一、素质教育内涵与外延

素质教育是我国改革开放实践，尤其是教育改革深化和发展在思想上的产物。现阶段素质教育的推进和改革必须回到传统，回到素质教育本身的内涵中去，以便明晰概念，明确问题，并提出最为恰切的改革思路。本文的素质教育侧重于基础教育，即学前教育、小学教育以及普通中等教育。

（一）素质教育的基本内涵

党的十一届三中全会之后，国家的工作重心转移到了经济建设方面，而社会、经济等方面的发展都需要高素质的人才，这就对教育提出了培养高素质人才以及提高民族素质的要求。1985 年 5 月，中共中央、国务院召开了改革开放以来的第一次全国教育工作会议，在会议上颁布的《中共中央关于教育体制改革的决定》明确指出，“教育体制改革的根本目的是提高民族素质，多出人才，出好人才”。自此，提高民族素质被视为基础教育的根本目的。在此呼吁之下，20 世纪 80 年代中期，社会上普遍出现了纠正片面追求升学率现象，全面提高学生素质的呼声。在学界亦有学者讨论“素质”一词在教育层面上的意义。

素质教育的概念出现在 20 世纪 80 年代后期，原国家教委副主任柳斌 1987 年在《努力提高基础教育的质量》一文中首次使用了“素质教育”一词，并在学界引发了讨论。素质教育的内涵非常丰富，一般说来，“素质即人所具有的维持生存，促进发展的基本要素，它是以人的先天禀赋为基础，在后天环境和教育的影响下形成并发展起来的内在的、相对稳定的身心组织结构及其质量水平，主要包括身体素质、心理素质和社会文化素质等”[①]。而在教育学意义上，“素质教育就是培育、提高全体受教育者综合素质的教育，它以促进人、社会、自然的和谐发展为价值取向，以德智体美劳全面发展的合格公民为培养目标，以全面贯彻党和国家的教育方针为根本途径，以教育质量的全面提升为显著特征”[②]。具体而言，在教育内部，素质教育的重点在德育、课程改革、教师队伍建设和考试评价四个方面。在不同的文件以及学者的研究中，素质教育的表述有所不同。

1993 年国家教委颁布的《关于当前积极推进中小学实施素质教育的若干意见》认为，“素质教育是以提高民族素质为宗旨的教育，它是依据《教育法》规定的国家教育方针，着眼于受教育者及社会长远发展的要求，以面向全体学生、全面提高学生的基本素质为根本宗旨，以注重培养受教育者的态度、能力、促进他们在德智体等方面生动、活泼、主动地发展为基本特征的教育”。

1999 年中共中央、国务院召开了第三次全国教育工作会议，作出了《关于深化教育改革，全面推进素质教育的决定》，明确提出，“实施素质教育，就是全面贯彻党的教育方针，以提高国民素质为根本宗旨，以培养学生的创新精神和实践能力为重点，造就‘有理想、有道德、有文化、有纪律’的、德智体美等全面发展的社会主义事业建设者和接班人”。

2010 年颁布的《国家中长期教育改革和发展规划纲要（2010 - 2020 年）》（以下简称《教育规划纲要》）指出，“坚持以人为本、全面实施素质教育是教育改革发展的战略主题，是贯彻党的教育方针的时代要求，

---

①② 中央教育科学研究所课题组：“素质教育的概念、内涵及相关理论”，《教育研究》，2006 年第 2 期，第 5 页。

其核心是解决好培养什么人、怎样培养人的重大问题，重点是面向全体学生、促进学生全面发展，着力提高学生服务国家服务人民的社会责任感、用于探索的创新精神和善于解决问题的实践能力。要坚持德育为先，能力为重，全面发展”。

2013年《中共中央关于全面深化改革若干重大问题的决定》在“深化教育领域综合改革”中提出，“全面贯彻党的教育方针，坚持立德树人，加强社会主义核心价值体系教育，完善中华优秀传统文化教育，形成爱学习、爱劳动、爱祖国活动的有效形式和长效机制，增强学生社会责任感、创新精神、实践能力。强化体育课和课外锻炼，促进青少年身心健康、体魄强健。改善美育教学，提高学生审美和人文素养”。

可以发现，不同时期对于素质教育内容的表述略有差异，但共同之处在于，都强调素质教育是人的教育，强调以人为本、学生全面发展。在素质教育的目的方面，强调要满足人的发展和社会发展的需要。而且，从时间序列来看，在德智体美劳等方面，关于德育的强调也越来越被放到更加重要的位置，比如“德育为先”、“立德树人”。

（二）人才培养模式——素质教育与应试教育

教育涉及的根本问题在于如何培养人才，或者说怎样的人才培养模式可以才尽其用，促进社会的发展和人的发展。当素质教育开始进入人们的视野并引起学界争论的时候，与之相伴而生的就是应试教育的模式，二者的差别就在于如何去培养人才。

关于素质教育与应试教育这两种模式的争论，首先需要明确的是，虽然应试教育经常作为贬义词和素质教育同时出现，但素质教育与应试教育并非对立的概念，两者并不是一对反义词。简单来说，“应试教育代表了一种脱离人的发展和社会发展的实际需要，单纯为应对考试争取高分，片面追求升学率，违背教育规律的一种教育训练活动”[①]。有人认为，应试教育培养的是一种应试的“素质”，应试教育着重培养智力方面的发展，素质教育培养品德和兴趣，这些观点并不准确。其次，除了两者不是一对对立的概念之外，素质教育与应试教育实际上代表了两种不同的人才培养模式和教育方式，以及在这两种不同的模式下，如何去评价学校、老师和学生。具体体现在以下几方面。

第一，宗旨不同。应试教育的宗旨在于通过考试进行选拔，具体来说，就是以“把少数人从多数人中选拔出来”作为唯一的目的，“其指导思想是功利主义”[②]。因此，出现了选拔变成了以明确考试为中心的教育模式。在这一宗旨的指引下，应试教育的模式忽视了教育规律，不注重对学生进行引导，只注重对考试内容和知识的灌输，进而在某种程度上会催生“唯考试论”和“唯分数论”等现象，导致学校和学生的畸形发展。与之不同的是，素质教育的宗旨并不是单一标准的选拔，而在于提高学生的全面素质；不只是智力和知识的发展，而在于德智体美劳全面发展。虽然教育需要选拔，但素质教育模式下的选拔是具有多样性的选拔，是注重素质和潜能开发的选拔；素质教育模式并非通过考试选拔少数人，而是为多数人甚至所有人寻找适合自身发展的路径；素质教育也并非不要考试，而是说考试只是手段、不是目的，考试只是发挥诊断学生成绩和促进学生发展的功能。总之，从宗旨来看，应试教育与素质教育的区别在于，人才选拔标准是单一性还是多样性。

---

① 中央教育科学研究所课题组：“素质教育的概念、内涵及相关理论”，《教育研究》，2006 年第 2 期，第 4 页。

② 中央教育科学研究所课题组：“素质教育的概念、内涵及相关理论”，《教育研究》，2006 年第 2 期，第 7 页。

第二，教育实践活动不同。应试教育在通过考试选拔人才的宗旨指引下，教育实践活动体现为“一切为了考试”。在考试、升学的目标下设置课程和安排教学内容，强调培养学生的知识水平和考试能力。这种教育实践活动基本上不考虑学生的主观能动性，忽视其他能力的培养，强调学生死记硬背，也造成学生沉重的课业负担。与之不同的是，素质教育的实践活动着眼于人的素质的全面提高，以完善素质结构为中心来设置课程，组织各项教育实践活动。在具体的教学活动中，更加注重培养学生的动手能力和思维水平，而不仅仅是知识的积累。可以说，素质教育注重的是能力和素质的培养，这种培养对于学生长久的发展更为有利。总之，从教育实践活动来看，应试教育与素质教育的区别在于，是单纯积累知识还是更加注重培养能力。

综上，素质教育代表了一种人才培养模式，相较于应试教育来说，这种人才模式以促进学生素质的全面发展为宗旨，不以考试作为选拔的唯一途径，强调选拔的多样性和学生的主观能动性；在人才培养方面，不单纯强调知识的积累，而是强调学习能力的培养和其他方面潜能的开发，培养的是素质全面的人才，而非只会考试的人才。

（三）如何评价学校、教师和学生

在如何评价学校、教师和学生方面，素质教育与应试教育也存在明显差异。应试教育以“把少数人从多数人中选拔出来”作为目的，因此，选拔的基础即考试成为家长和社会评价学校、教师、学生的标准。换言之，一所学校的教育教学质量好不好，要看这个学校的升学率或者培养了多少考得好的学生；一个教师的教学水平高不高，要看这个教师可以培养出多少考得好的学生；一个学生好不好，要看这个学生在考试中取得了什么样的成绩，在升学考试中被什么样的学校录取。而素质教育的评价体系却并非如此。素质教育对于学校、教师和学生的评价都更加多样性，不再以单纯的考试成绩作为唯一的评价标准。这源自于素质教育本身的宗旨——培养人的全面素质。

以四川省攀枝花市第十八小学的素质教育改革为例[①]，学校实行了阳光综合评价。首先，改变了学校对教师的评价。学校对教师的评价，重点关注教师如何促进学生的学习活动，通过学生“乐学”的价值来评价教师的教学行为。以学生学习状态投入、课堂倾听习惯养成以及师生、生生有效互动来评价教师课堂的有效性，以教师所带班级学生获得的进步、具备的能力以及学生德智体美全面发展的状态作为评价教师全面育人理念的实施程度。可以看出，在素质教育模式下，更多强调的是师生的互动，以及教师所具有的可以让学生发挥潜能的水平。其次，学校对学生的评价实行“阳光课堂教育”，重点关注对学生的学习过程的评价。教师对学生的评价侧重于对学习活动的全过程关注，比如，情感投入、学习兴趣、有效互动以及当堂反馈练习完成质量。除此之外，还推行了学生自评、小组互评，并结合教师对学生的评价，完成对每个学生的等级评价，以此来对学生进行激励。最后，对学生的评价除了课堂表现还有平时表现，包括习惯评价、德育评价、成长记录袋等。

当然，如何正确评价学校，则更多要依赖社会的大环境与风气。如果可以解决以考试评价一切的做法，那么社会对学校的评价就不再会以升学率或者分数作为唯一标准。社会评价的关注点将会更多偏向于某个学校培养了什么样的人，而不是培养（或达到）了什么样的分数。

---

① 韩玉杰：“实施阳光综合评价，推进素质教育改革”，国家教师科研专项基金科研成果（神舟教育卷），2013 年 11 月。

总之，素质教育下的评价是更为多样化、更为人性化的评价，破除了唯分数论的评价标准，取而代之的是更为全面的评价。在素质教育的要求下，对于学校、教师和学生的评价也会更为全面。从对学校、教师和学生的评价来看，素质教育与应试教育是一种全面评价与片面评价的区别。

二、素质教育的现状与问题

如前所述，素质教育的核心是培养什么样的人、怎样培养人，重点是面向所有的学生，促进学生的全面发展，着重培养学生的实践能力、社会责任感和创新精神。近年来，我国在素质教育的推进方面成效斐然，主要可以概括为以下几个方面：第一，素质教育观念深入人心。无论是2006年修订的《义务教育法》还是2010年颁布的《教育规划纲要》，都明确规定了素质教育作为教育改革和发展的战略主题的地位。有学者论断，“素质教育已经成为国家意志的体现，并正在成为全民族的广泛共识”[①]。第二，素质教育在全国范围内全面推进，不仅在基础教育阶段，更在整个教育领域全面铺开，涉及范围由点到面。“越来越多的地方把素质教育摆上了议事日程，不断推进教学改革”，“各部门齐抓共管的工作机制正在逐步形成”[②]。第三，在素质教育的观念引领下，“学校教育正在发生一些积极而重要的变化”。这些变化具体体现在，“学校德育工作的进一步加强，基础教育课程改革取得进展，教育督导制度和质量检测体系基本确立，招生考试和学生评价制度逐步推进，教师实施素质教育的

① 高洪：《素质教育新探索》，人民教育出版社2012年9月版，前言第1页。
② 高洪：《素质教育新探索》，人民教育出版社2012年9月版，前言第2页。

能力和水平正在逐步提高，制约素质教育发展的热点、难点问题得到了逐步解决”[①]。第四，从对国家的总体发展来说，“素质教育促进全民族科学文化素质大幅度提高，为社会主义建设奠定了坚实的基础”。从对社会的整体效果和青少年的成长来说，“素质教育促进了教育教学质量的普遍提高，社会从‘人人有学上’到‘人人上好学’迈进。实施素质教育提高了青少年学生的思想道德素质、科学文化素质和身心素质，当代青少年总体上呈现出积极健康的精神风貌”[②]。

可以说，经过近些年的努力，我国素质教育的推进取得了很大进展，产生了积极影响，在一些重点环节上实现了突破，在一些先进地区取得了明显成效。但是，影响素质教育推进的体制性障碍和政策性问题仍然存在，亟待解决。总体来看，主要是素质教育的标准和要求得不到落实的问题。因此，出现了“素质教育轰轰烈烈，应试教育扎扎实实”的现象。以山东省[③]为例，具体体现在以下几个方面：第一，片面追求升学率的倾向在地方政府和教育行政部门依然存在，升学率成为教育质量的主要标志和考核评价工作的主要标准。第二，在地方政府和教育行政部门的双重压力下，学校教育教学聚焦于升学、考试，部分学校出现了修改课程设置，提高课程难度，赶超教学计划，提前复习备考的情况。第三，中小学减负问题亟待解决。虽然教育模式已经从应试教育开始向素质教育转变，但是中小学学生学习时间被随意延长等现象依然存在。除此之外，作业量有增无减，教辅资料泛滥，课外补习市场巨大且混乱，学生节假日得不到正常休息，学生自主发展难以实现，合法权益无法保障。不少学生依然在应试教育的模式下进行学习活动。第四，学生发展不全

①② 高洪：《素质教育新探索》，人民教育出版社 2012 年 9 月版，前言第 2 页。

③ 高洪：《素质教育新探索》，人民教育出版社 2012 年 9 月版，第 78 页。

面的问题。德育、体育、美育工作得不到重视，智育工作以及知识积累的重要性不断被放大。不少学生的身体素质、心理健康状况堪忧，个别学生思想道德问题突出，意志力薄弱，缺乏创新能力，社会责任感缺失。第五，教育教学过程中存在大量不符合党的教育方针和教育规律的行为，比如老师只关心少数优异学生，有的体罚学生，等等。除此之外，还有一些问题也影响着素质教育的全面实现。比如，在农村地区，各方面条件相对较差，现代的计算机教育存在资金投入的难度，相对较差的条件导致教师流失现象存在，师资力量不强且不稳定，家长外出务工普遍存在，家庭教育缺失，等等。

需要指出的是，上述问题存在着逻辑上的关联。地方政府和教育行政部门在执行素质教育政策方面没有一个统一的、确定的标准，加之各地的财政水平不同，对教育资源的投入和占有不同，也无法让素质教育形成一个统一、确定的标准。这种情况下，教育行政部门只能按照原来的应试教育的标准来对教育工作进行考核与评价。这种教育行政观念，导致学校的教育教学活动无法摆脱升学率的压力，学校依然会选择按照应试教育的标准来增加课程，以期在同类学校的竞争中取得优势地位。这种状况反映到学生身上，就是一直在提但却从未彻底解决的学生减负问题。在学校的升学率压力下，课程的设置等往往无法按照素质教育的要求展开，学生也只能以应试教育的标准来要求自己，课业负担无法解决。学生现实情况和素质教育要求并不相符。素质教育要求德智体美劳全面发展，但是学生通常只是智育水平发展和知识积累，其他一些能力和素质，比如创新能力，心理素质、身体素质等往往无法达到素质教育的要求。

三、素质教育现实问题的成因分析

从现实状况来看，归根结底还是高考指挥棒的“统治”没有结束，加之全国情况复杂，标准不能统一，素质教育难以在一个整体范围内推进。这是导致上述问题的总体原因。高考指挥棒的存在，让在教育评价制度之下的高中之间存在着激烈的高考升学率的竞争。任何一所学校都担心自己在同类学校的竞争中掉队，因此，对实行素质教育存在顾虑。即便是学校按照素质教育的要求来指导学生，学生（及家长）在高考制度的压力下，也会出现偏重智育发展和知识积累的状况。可以说，单一的、通过考试选拔人才的现有制度（尤其是高考制度）不加以改革，素质教育很有可能得不到充分发展。当然，这并非意味着实行素质教育就要取消考试。考试将会继续存在，但不是单纯以考察学生对于知识的背诵和积累为准，在文化课考试之外还应该有其他类型的、多样化的选拔形式。此外，有关学者（张佰富，2014）更是将思路跳出高考指挥棒的现状，聚焦于全国各地区经济（社会）发展不平衡，以及教育资源、文化资源分配不平衡的问题，进而指出现有教育评价制度的不完善。换言之，“在国家层面上，由于教育资源、地域文化、地方经济发展的不均衡，导致教育资源不平衡，无法制定一个所有学校都能执行的素质教育体系标准，在制度上无法达到统一。此外，缺乏统一的素质教育评价系统，让素质教育在质量上缺乏一个评定标准，大部分学校仍然沿用应试教育评价标准，很大程度上重视知识教育，忽视学生能力、人格和品德等方面的培养”[1]。

首先，对于地方政府和教育行政部门来说，片面追求升学率主要根源于没有科学的教育政绩观和统一的教育评价制度体系。在教育行政部门看来，升学率是衡量一个地区教育质量的主要标志，也是评价教育工作成败的唯一标准。在这种不科学的教育政绩观的影响下，教育行政部门对于教育工作的重视主要体现为对学校升学率的一种压力。这种政绩观也和尚未建立全省甚至全国的统一标准有关。例如，在山东省的素质教育改革中，有学者认为，“如果不以省为单位整体推进，素质教育就无法真正实现突破”[2]。因此，山东省的素质教育改革试点中，一项重要的举措就是政府主导，统一全省认识，引导树立科学的教育发展观和正确的教育政绩观。

其次，由于应试教育观念长期存在影响，教育教学改革无法实现突破。正是因为应试教育的观念无法得到改变，“导致了教育中愈演愈烈的单纯为应付考试、争取高分和片面追求升学率的应试竞争倾向，多数学生成为了少数尖子生的陪练。从 1998 年到 2005 年，高校连续 7 年扩招，在校生由 600 万人增加到 2300 万人，尽管如此，应试竞争的局面却并未有明显改善”[3]。这表明，应试教育的观念并没有得到完全的改变。由于应试教育的观念最终影响了学校课程的设置和对教师教学活动的要求，学校的教育教学改革也就无法真正实现从应试教育到素质教育的突破。

第三，在北京市的素质教育改革中，课业负担问题是一个典型的案

① 张佰富：“浅谈目前小学素质教育存在的问题及解决对策”，《科教文汇》，2014 年第 2 期，第 159 页。

② 高洪：《素质教育新探索》，人民教育出版社 2012 年 9 月版，第 79 页。

③ 杨银付：“落实素质教育，亟待创造八个条件”，《教育发展研究》，2006 年第 12 期，第 2 页。

例。课业负担问题在应试教育的背景下普遍存在，但是，在素质教育取得了不小进展之后却依然存在。可以说在全国范围内，“减负是一个想做好，又难做好，但又不得不做好的老问题”①。这个问题，“表面上体现为学生作业多，学习时间过长，学习负担过重等具体表象，背后的直接推手是学校和家长乃至教育决策者对教育的急功近利，根子却是整个教育体制乃至整个社会的人才培养机制、用人机制的问题”②。

最后，在上述原因的共同作用下，学生受到了来自学校、家长和社会的多重压力，因此，学生的发展很不全面。归根结底，仍然是考试作为单一的选拔制度的问题。这种选拔制度只注重智育水平和考试成绩，并不能体现学生的德育、体育以及美育水平。在这种选拔制度下，学生的理性行为自然而然就是取得好的考试成绩，而不是去发展自己的各种能力和素质，因为这些对于成绩并没有直接的助益。但是，如果学生（青少年）在基础教育的关键时期没有培养出各种素质的话，在以后的生活或学习中将面临各种无法自己克服的问题，比如前面提到的身体素质或者心理素质出现的问题。

综上，素质教育口号喊得很响，但是其标准和要求不能得到落实，问题仍在于应试教育的观念以及素质教育发展的不全面，主要原因仍然是高考指挥棒的存在，以及背后更为深刻的人才培养模式和评价方式。

四、素质教育的推进与改革

在素质教育的推进方面，大体可以分为省域推进和市县推进两个方面。

---

①② 高洪：《素质教育新探索》，人民教育出版社 2012 年 9 月版，第 15 页。

在省域推进方面，北京、上海和山东等较有代表性。

北京市的素质教育推进中，面临的是学生减负问题。北京市采取的举措包括：第一，完善教师专业发展机制，通过有效培训，提升教师的整体素质。第二，建立三级课程整合机制，整体推进课程建设，兼顾课程的统一性、基础性和多样化。第三，建立完善社会大课堂常态化机制，引导学生走出课堂，走出校园，这对于减轻学生负担非常重要。通过充分整合社会资源，把减负省下来的时间用于提高学生的综合素质，促进学生健康发展。第四，建立完善学生综合素质评价体系，促进学生全面发展。第五，健全完善学生体质健康考评机制，落实"健康第一"的指导思想。第六，建立义务教育教学质量监测机制，促进教育教学质量提高。第七，以实验项目为引导机制，解决课业负担问题。第八，搭建平台，健全完善宣传激励机制，发挥典型带动作用。第九，健全完善课业负担监测公告机制，引导有效减负。北京市的案例表明，推进素质教育，减轻学生过重负担是一项长期而艰巨的任务，为了真正做到以人为本、育人为本，必须通过机制建设、完善和创新来破解教育难题。

上海市的素质教育推进中面临的问题是，到底什么才是适合学生的教育。在推进素质教育转型发展的过程中，上海市采取的举措包括：第一，推进新优质学校行动，办好每一所家门口的学校。具体说来，就是要促进教育从追求功利向追求对人的发展的转型，建立"新优质学校推进项目"。这些学校不挑生源，不争排名，不集聚资源，体现了转型的方向。在这一项目中，学业质量不等于学业成绩，而是包含了学业表现、品德行为、身心健康等诸多领域的发展。第二，推出中小学学业质量绿色指标体系。建立三级指标体系，此项指标体系以义务教育课程标准为主要依据，以关注学生健康发展为核心价值需求，并体现均衡性和发展性的双重需求。第三，提高教学有效性，实现减负增效。这里面涉及修改课程标准；探索学校课程管理和推进机制；规范教学常规，改进课堂教学；布置有针对性的作业；加强教辅材料和竞争考证的规范管理。上海市的案例表明，在教育价值方面要突破对功利价值的过度追求，更关注“人”本身的价值。在教育质量观上，要更加关注人的全面而多样的发展为特征的全面质量；在培养模式上，要更加注重高度统一的标准化培养模式；在教师专业成长上，要更加注重教育境界和专业能力提升；在教育管理方式上，要更加注重思想领导和专业引领。

在山东省的素质教育推进中，面临着学生发展不全面，以及升学率和课业负担等问题。山东省的举措包括：第一，坚持政府主导，把素质教育作为全省教育工作的主题。这一做法可以统一思想认识，完善政策保障，强化政府行为。第二，坚持依法治教，把规范办学行为作为实施素质教育的基本前提。第三，坚持课程核心，把课程改革作为实施素质教育的核心环节。第四，坚持多元评价，把考试评价作为素质教育的重要引领。第五，坚持督导评估，把督导评估作为素质教育的重要保障，其中，督导分为专项督导和随机督导。第六，坚持强化师资队伍建设，把教育人才队伍作为素质教育的重要支撑。第七，坚持加强公共教育服务，把公共教育服务均等化作为素质教育的基本条件。山东省的案例表明，素质教育必须在全省范围内统筹，并进行整体推进，而这必须以政府主导作为关键支撑。推进素质教育改革，应该以依法治教和高中突破为根本切入点。着力点则应该放在课程核心，提高质量方面，同时进行综合治理、标本兼治是重要保障。

在市县推进方面，山东潍坊市、重庆綦江区、四川省成都市青羊区较有代表性。

潍坊市的素质教育推进不断深化，已经形成了“潍坊素质教育模式”。主要包括如下举措：第一，中考改革。这项举措是全面推行“综合评价、多次考试、等级表达、多元录取”的新中考制度。这项改革与高考亦有关联，某种程度上减轻了高考的负担。第二，推行中小学校长职级制，实现真正意义上的专家办学。这项举措为校长的发展提供了更大的空间，实现了校长去行政化，推动了校长交流。第三，创新社会参与的规范办学机制，构建素质教育实施的良好环境。这项举措包括引进第三方督导，让利益相关方加入到监督的行列中来，这也是潍坊教育社会参与式改革的亮点。第四，构建立体化教育督导，保障素质教育健康发展。设置年度教育综合督导，“包督到人”，实现教育督导全覆盖，无缝隙和常态化。潍坊市的案例表明，实现素质教育的改革，方向要放在党政领导对教育专业化的尊重；以地市为主，区域整体推进素质教育；从部门自身改革做起，具体体现就是潍坊市的教育部门干预下放权力，用于承担责任，敢于突破固有利益格局并构建新型公共教育服务制度；教育改革要置于舆论和公众的监督之下。

重庆市綦江区对素质教育的推进采取了四大行动，主要包括：第一，课程建设运动，创造性的落实国家、地方和学校三级课程，努力为学生提供适合的课程。第二，区域推进课堂教学改革行动。第三，评价制度改革行动。涉及中考制度改革、建立学校绿色教育质量指标评价体系，建立办学水平综合性多元评估制度。第四，构建区域教研体系行动。抓好“县—学区—学校”和“县教科所—学校”两条工作线，突出课堂、课例和课题“三课”，打造精细教研，强化城乡联动、学区互动、基地学校带动，共享优质教研。綦江区的案例表明，推进课程改革是县级党委、政府的重要职责；推进课程改革必须坚持正确的教育政绩观，课程改革可以在农村区域推进并取得成功。

成都市青羊区的素质教育推进包括了素质均衡、文化浸润，课程改革、减轻负担，加强监测等 14 个方面的内容。青羊区的案例表明，推进素质教育必须实现“三个转变”，即从“人人升学”到“人人成才”的转变，从单纯减负到内涵发展的转变，从学校推动到区域联动的转变。

总之，素质教育应当继续朝着以下方向推进和改革：第一，必须承认政府对教育教学改革的鼓励和引导作用，不能仅仅把素质教育看成是学校、教师和学生的事情。这背后的结构性因素在于政府行为，特别是教育行政机构的功利取向的行为，这种行为本身形成了一种功利主义的教育政绩观。因此，教育教学改革必须从转变政府行为入手，通过建立统一的评价体系以及教育政绩观来对素质教育进行正本清源。第二，素质教育的推进和改革必须要从根本上战胜观念上的障碍，要更新观念，以素质教育的人才培养模式来取代应试教育模式，以素质教育的标准和要求去评价学校、教师和学生。第三，除了政府、教育行政部门以及学校方面的努力外，家庭、社会也应努力营造一种有利于素质教育发展的环境，让素质教育的观念深入人心。

五、进一步扎实推进素质教育的思路与建议

（一）加强中小学德育工作

思想道德和思想政治素质是一个人最基本的、最重要的素质。学校教育的目的，不仅在于传授知识、提高学生的文化素质，更在于提升他们的道德修养，为他们成长为德才兼备、可堪大任的社会栋梁奠定坚实

的基础。因此，中小学德育工作应着眼于学生的基本态度与价值观的构建，把价值引导、观念整合、情感激励和规范调节等贯穿于学校德育工作的全过程，进一步加强社会主义核心价值观教育、公民意识教育和中华优秀传统文化教育。

常规管理是制度保障。通过开展德育课题研究，提高学校德育工作的理论和实践水平；要努力构建以学校为主导，学校、家庭、社会三位一体的德育网络；通过开展班队活动，提高德育的实效性，培养学生的良好习惯；继续完善德育工作的评价制度，设立德育评价内容，不断完善并进行试点。

队伍建设是必要基础。只有教师自身具有高尚的道德修养，才能培养出具有优秀品格的学生。要使全体教师树立人人都是德育工作者的意识，着力培养班主任和青年教师的德育能力；通过举办相关活动，吸引年轻教师参与班主任工作研究和培训工作；通过教师的共同研究、合作反思和总结，建设包括德育干部、品德与生活教师、品德与社会教师和班主任在内的高素质的学校德育教师队伍，不断提升德育工作水平。此外，还要建立互访交流机制，构建高校思政课教师到中小学听课制度和互动交流平台，加强大学与中小学之间的沟通了解。

课程教学是重要渠道。提高德育课程的科学性、综合性、针对性，总体把握各学段学生身心发展规律和特点，整体规划大中小学德育课程，既要体现了大、中、小学不同学段纵向衔接，又要在课内课外、网上网下和教师衔接方面实现横向贯通；修订课程标准和内容，对中学历史、政治课系统梳理，对主要知识点的衔接情况进行比对，研制出版高校思想政治课《教师教学指南》；修订完善中小学德育课程标准，单独设定德育的具体要求和内容；加强课外德育指导，研究出版课外德育的有关文本；建立课程资源库，覆盖大中小学并搭建互动交流平台，初步实现德育资源共建共享。

实践活动是主要载体。加强德育工作，既不能采取脱离现实的空洞说教和强制灌输，也不能让学生被动地进行一种程式化、例行公事式的机械表演。因此，在德育课程的目标、内容、途径和方法的选择上，要充分考虑学生身心发展的特点和思想品德形成的规律，紧密结合时代和社会发展的需要，通过开展丰富多样的实践活动对学生进行道德教育；通过实践活动，让学生身体力行地去获得最直接的体验和感悟，进而有效地培养他们的爱心和社会责任感，帮助他们树立起正确的人生观和价值观；通过实践活动，激发学生的道德情感，使其内心真正发生变化，进而自觉地强化道德知识，并内化为一种道德意识。

（二）加强中小学体育工作

增强青少年体质、促进青少年健康成长，是关系国家和民族未来的大事。要从根本上解决素质教育中重智育、轻体育的倾向，必须高度重视中小学体育工作，落实“健康第一”的指导思想，把增强学生体质作为学校教育的基本目标，全面实施《国家学生体质健康标准》，把健康素质作为评价学生全面健康发展的重要指标。

从教育的“整体性”和人的全面发展上来理解体育。体育教学内容要打破过去以竞技运动项目为主线的教学内容分类方法，选择内容时要以适应现代社会生活方式变化和满足学生健身、健美、娱乐为宗旨，安排有丰富文化内涵的运动项目。要提倡并践行德育、美育、情感教育在体育教学中的渗透，在体育实践中注重对学生人格的引导。要随着季节的变化，分别设计适合于不同季节开展的大课间和体育活动，推动中小学群众性的体育活动和竞赛的开展，提高学生参加体育活动的兴趣和实效性，进而明显增强学生的身体素质。要通过课堂教学传授学生基本的体育理论知识和基本技能，培养他们坚韧、刻苦、协作、勇敢的品质，同时更加注重他们终身体育习惯的培养。课外体育活动是学校体育课教学的延伸，要引导学生积极参加大课间体育活动、体育社团等，在提高学生身体素质的同时，明显提高他们的体育技能。

健全学校相关工作机制，切实增强青少年体质。学校的体育工作要从促进每一个学生健康成长的目标出发，不断追求体育教育的本质，不断打造健康积极的体育文化，力求让每一个学生热爱体育、享受体育。广泛开展“全国亿万学生阳光体育运动”，形成青少年锻炼的热潮。切实减轻中小学过重的课业负担，加强素质教育。举办多层次的学生体育运动会，对群体性运动起到示范带动作用。加强学校体育设施建设，促使这些体育机构和体育设施在节假日也能向青少年开放。确保青少年休息睡眠时间，良好的作息制度是体育工作的基础。此外，教师要培养学生的体育娱乐能力，要有意识地让学生体验运动乐趣，把握运动特点，学习创造娱乐方法，在体育课堂教学中要采用适合学生年龄特点的、学生喜闻乐见的教学方式和方法，让他们主动参与、快乐体验。

把青少年体育工作摆上各级政府重要的议事日程。要把青少年体育工作纳入当地经济社会发展规划，加大对体育事业特别是体育设施的投入，统筹解决青少年体育工作的重要问题。完善加强青少年体育的政策保障措施，加大资金投入力度。各部门齐抓共管，配合社会与家庭，努力营造重视青少年体育运动的舆论氛围。把学生的体质健康作为评价学校体育工作和素质教育工作的重要指标，并从多个层面对学校体育工作进行监督指导和服务支持。鼓励和支持更多的公共体育设施向青少年免费开放。加大体育督导的力度和学生体质健康状况的监测力度，及时向社会公布学生、学校的体育状况，在全社会形成关心体育、支持体育的良好环境。把学校的体育工作和学生体质健康纳入教育现代化指标体系，作为考核一个地区教育发展水平的重要指标和对教育部门、学校负责人工作绩效考核的重要内容，对学生体质健康水平持续三年下降的地区和学校进行问责。

（三）深化教育教学改革

深化教育教学改革，要从课标、教材、教法、教师等方面入手，完善课程标准，保证教材质量，创新教学方法，提高教师素养，把立德树人全面落实到日常教育教学活动中。

深化课程教材改革。课程教材是教育教学的基础，课程教材改革的核心是减负。要切实减轻中小学生过重的课业负担，让他们从小树立优良品德和高尚人格，培养创新精神和实践能力，打牢终身发展的基础。科学设计各学段的培养目标和要求，合理安排教育教学内容，依次递进、有序过渡，避免脱节、交叉、错位，避免教材“繁难偏旧”，改变“满堂灌”、“填鸭式”的教学方式，提高课堂教学效率。完善、修订、落实各学科课程标准，发挥课标在教材、教学、评价、考试等环节中的统领作用。按照上下衔接、横向配合的要求，完善国家、省、校三级课程体系，系统编写中小学教材。改革教材编写、审定、选用、发行机制，不断提高教材质量和水平。启动品德、语文、历史、体育、艺术五科编写工作，集中力量打造、推广一批优质课程资源。

深化教学方法改革。人才培养是复杂的社会活动，必须遵循教育规律和学生身心发展规律，面向全体学生，因材施教，科学育人。要面向全体学生，教好每一个学生，促进所有学生健康成长，让每个学生都有成功的机会，体现了人人成才的观念。转变“一刀切”教育模式，从学生的实际出发，根据学生的个性特点、兴趣特长、年龄特征、心理差异等因材施教，发展每一个学生的优势潜能，提供适切的个性化教育。落实教学基本要求，合理设计教学流程，规范教学行为，保证学生达到学业基本标准。推动教学方式、学习方式大变革。开展教学方法大讨论，推广自主学习、探究式学习、实践教学等方面的成功经验，通过发现问题、调查研究、动手操作、表达与交流等活动，采取启发式、探究式、讨论式、参与式的教学方式，提高学生发现问题、提出问题、分析问题、解决问题的能力，引导学生自主学习、自觉学习，激发学生创新思维，使学生“乐学、活学”，提高课堂教学质量与效率。

不断提高教师专业素养。教育活动具有复杂脑力劳动的特点，是教师对学生身心施加影响的社会活动，必须通过教师和学生的共同劳动，使学生的德、智、体等方面得到全面发展。教育活动具有自身独特的规律，办好教育必须尊重教育规律，必须由具有崇高教育理想、真正懂教育的人按照教育规律办学。因此，要不断提高教师素质，让每一位教师都懂得教育规律，能够自觉按照教育规律开展教育教学活动。教师的这种职业自觉，包括对教育地位作用的深刻认识，对教育规律的正确把握，对教书育人责任的主动担当。提高教师专业水平，创新教师培训机制，增强培训针对性、实效性。严格教师准入，加强教师管理，全面推行教师资格考试和定期注册制度，实行师德一票否决制。

（四）深化考试招生制度改革

考试评价是教育教学的“指挥棒”。应试教育倾向严重，是教育领域存在的一个突出问题，也是社会集中反映的老大难问题。扭转应试教育倾向，深入推进素质教育，必须深化评价、考试和招生制度改革，调整“指挥棒”的导向，发挥好“指挥棒”的作用，为促进学生全面发展、个性发展创造良好环境。要以建立健全综合评价体系、改革考试方式、完善招生录取制度为着力点，改变片面以分数评价学生、以升学率评价学校的做法，拓宽学生成长成才通道。

坚持义务教育就近免试入学的原则。切实推进缩小学校差距，促进义务教育均衡发展，建立信息公开和行政问责制度，强化对地方政府的督教和督政。完善义务教育免试就近入学制度，严格禁止将各种等级考试和竞赛成绩作为公办义务段学校入学与升学的依据。加快推进学生信息联网，继续完善合理划分学区，推广学区制和九年一贯对口入学，取消各类初中招生选拔性考试。探索建立义务教育学业质量标准，研制中小学教育质量监测指标体系，开展中小学教育质量监测，系统掌握基础教育质量状况。

深化中考招生制度改革。建立学生成长记录，重视成长性评价，关注学生学习过程，完善科学多元的评价体系，综合考察学生德智体美状况。开展中小学“绿色评价”，将课业负担、学习效率、能力培养等作为重点考核内容，为学生选择学校、社会评价学校、政府考评学校提供依据。推广示范性高中指标下放。

加快高考招生制度改革。探索实施高中学业水平考试，以此作为高中毕业凭据和升学的重要依据。实行高等职业教育与普通本科分类考试招生，建立灵活多样的职业学校招生制度，推广“知识＋技能”的考试方式。规范高校自主招生，扩大自主招生试点，丰富自主招生方式。改进招生计划管理方式，进一步缩小高等教育入学机会区域差距，提高农村学生上重点大学比例。督促各地落实“异地高考”配套政策。尽快落实英语等科目试行社会化考试、一年多次考试。

参考文献

[1] 中央教育科学研究所课题组．素质教育的概念、内涵及相关理论．教育研究，2006（2）
[2] 杨银付．落实素质教育，亟待创造八个条件．教育发展研究，2006（12）
[3] 韩玉杰．实施阳光综合评价，推进素质教育改革．国家教师科研专项基金科研成果（神舟教育卷），2013－11
[4] 张佰富．浅谈目前小学素质教育存在的问题及解决对策．科教文汇，2014（2）
[5] 高洪．素质教育新探索．北京：人民教育出版社，2012
[6] 洪伟，张婉，张均帅．美德阶梯：史家小学的阳光公益．北京：中国发展出版社，2012
[7] 张欣欣，李大明，牛东芳．奠基健康：史家小学的体育教学．北京：中国发展出版社，2012

随迁子女该如何跨过“学校门槛”

佘宇建议，在短期内最关键的在于理顺中央与地方、地方政府之间财政分权关系，建立合理有效的分配机制并使其制度化。其中，应该区分跨省和省内流动的流动人口随迁子女，建立相应的各级政府共同分担、以省市政府为主的流动人口随迁子女义务教育经费的负担体制。

近日，国家卫计委公布《中国流动人口发展报告 2014》指出，到 2013 年年末，全国流动人口的总量为 2.45 亿人，超过总人口的 1/6。流动人口的平均年龄进一步上升，随迁子女比例也在增加，6～15 岁子女随同父母流动的比例在 2013 年达到了 62.5%，比 2011 年上升了 5.2 个百分点。

“之所以带着孩子到城市来，除了家庭团聚的因素，还有一个很重要的原因就是城市教育水平比较高，想让孩子享受这方面的服务。”国家卫计委流动人口司司长王谦说道。

原文载于《中国经济时报》，记者曹方超，2014 年 11 月 22 日。

然而，随着随迁子女数量的不断增长，“入学难”的问题也日益受到社会各界的广泛关注。

来北京打工的李女士的孩子已到上小学的年龄，但是她却为此伤透了脑筋。“现在在北京上学太难了，尤其像我们这些打工者的孩子，想上好学校就更不可能了。”她告诉中国经济时报记者。

对此，国务院发展研究中心社会发展研究部第三研究室副主任佘宇在接受本报记者采访时表示，出现“入学难”现象最直观的原因就是现在的公立学校学位短缺，大量流动人口随迁子女的涌入，也为“流入地”政府增加了不小的压力。

据了解，早在2001年，中央在下发的《关于基础教育改革与发展的决定》中就提出要“重视解决流动人口子女接受义务教育问题”，并定下“以流入地区政府管理为主，以全日制公办中小学为主”的“两为主”策略，依法保障流动人口子女接受义务教育的权利。此后，中央还进一步对“流入地”政府在教育投入与管理上的责任作出了明确和细致的规定。根据这些原则，近年来一些大城市也相应出台了具体的政策，努力为流动人口随迁子女提供机会，吸纳其到就近的公立学校就读。

政府应购买学位，降低“门槛”

尽管各大城市对流动人口子女的教育敞开了“大门”，但是部分地区“门槛”过高的现象却使进城务工人员望而却步。“目前在北京，孩子想上公立学校光有合格年限的暂住证可不行，还需要提供缴纳养老保险的证明，父母还必须得有正式工作、稳定的住所等等，缺一不可，此外还得找找‘关系’。”来自河南农村的李先生对记者诉说着自己的无奈，他和妻子在北京某小区内经营着一家小超市，孩子已到上学的年龄，夫妻俩正为这事儿犯着难。

“我们还考虑让孩子读私立学校，可是学费却超出了我们能够承受的范围。为了不耽误孩子的教育，现在摆在我们面前就只有一家三口一起离开北京回老家这一条路了。”他说。城市放宽入学条件是他们这些流动人口唯一可以期盼的。

对此，佘宇呼吁，现在需要通过增加公办学校供给、简化公办学校准入条件、规范公办学校的管理和收费来完善以公办学校为主的政策。也应该注意到，流动人口规模较大的地区，有些正处于产业结构调整升级时期，流动人口的规模可能会发生大的变化。因此，除了公办学校接纳外，也可以通过政府购买学位的方式，对符合条件、吸纳流动人口随迁子女的民办学校予以补贴及相关政策优惠。这样既有利于防止公办学校扩张可能带来的资源浪费，也有利于规范民办学校以实现其在政府部门监管下的健康发展。

此外，他还告诉本报记者，从某些方面来看，“流入地”政府设置一些门槛式的限制条件，如父母需要有暂住证、有稳定的工作以及居所等等也是“无奈”之举。“如果‘流入地’政府将这些条件全部放开，流动人口就会更加大量地聚集于此，形成‘洼地’，这样一来，政府更加承受不了这样的财政负担了。”他进一步表示。

建立分担机制，助力破解财政困局

那么，对于“流入地”政府而言，又该如何缓解这样的困境？

据佘宇介绍，当前“两为主”政策在执行过程中主要面临着财政困局，其中包括公共教育经费投资力度不够、政府投资主体重心过低，投资责任含糊；各级、各类政府经费分担责任不明确，区县级财政压力大、“流入地”城市的区级政府教育财政负担加大、“流入地”城市的区级政府难以配置教育资源等。

“表面上，流动人口随迁子女义务教育存在的诸多经费问题主要体现在经费资源不足；但实际上，这一问题的根本原因并不主要在于资源不足，而是更多源自体制问题，即主要是义务教育财政体制问题。”佘宇表示。

对此，佘宇建议，在短期内最关键的还是在于理顺中央与地方、地方政府之间财政分权关系，建立合理有效的分配机制并使其制度化。其中，应该区分跨省和省内流动的流动人口随迁子女，建立相应的各级政府共同分担、以省市政府为主的流动人口随迁子女义务教育经费的负担体制。

同时，“两为主”政策强调“流入地”政府有不可推卸的责任，而“流入地”多数为经济发达地区，无法得到县（市、区）级以上财政支持，向上级财政争取经费投入更无法实现；“流出地”多是经济欠发达地区，不仅可以得到中央政府的经济补偿，而且还豁免了对流出儿童的义务教育责任。“‘流入地’政府和‘流出地’政府由于经济利益而产生互相推诿的现象也应得到重视。”佘宇说道。

“钱随人走”，避免资源浪费

在通过合理的分担机制以缓解地方政府的财政压力后，流动人口本身的特性，也为“流入地”政府以及学校本身增加了不小的压力。

据山西省太原市一所公立学校的老师介绍，随迁子女由于受到父母工作流动性强这一因素的影响，更换学校比较频繁，这使得学校在管理以及教学方面都被迫增加了难度。但由于公立学校中随迁子女所占比重不大，这类现象并不会对公立学校的教学质量产生严重影响。可对一些打工子弟学校而言，情况就大不相同了。

成都市周边县区某打工子弟学校校长曾表示，该校学生三千人，而每年学生的流动达到了千人左右，这导致学生素质参差不齐，教学难度过大，同时也给学校的管理带来了很大的困难，学校的整体质量无从保证。

当“流入地”政府为随迁子女增设了学位并将其纳入整体预算规划内之后，其父母的工作又进行转移，这也使得学位出现空置现象，无形中造成了资源的浪费。

对此，佘宇建议，学生的学籍系统基本已经实现全国联网，相应的生均公用经费也应随之“联网”，做到“钱随人走”，以更有效率地利用资源。

“如果想真正地提高教学质量，仅仅通过这些是不够的。归根结底，还是要实现义务教育均衡发展，但这是一项系统工程，需要一步一步来。现阶段，地方政府需要做到的就是让所有流动学生‘有学上’，保障他们能够享受到基本公共教育服务。在此之后，逐步解决教学质量的差异，让流动学生能够‘上好学’。”佘宇进一步表示。

民办校营利：放开之后需善管

虽然你身边可能遍布各类民办教育机构，甚至你的孩子正在接受民办机构的教育，但你或许并不知道，这些民办学校在法律层面上却是“不得以营利为目的”的。按照《中华人民共和国教育法》的规定，“任何组织和个人不得以营利为目的举办学校及其他教育机构”。但随着1月7日国务院常务会议讨论通过对教育法、高等教育法、民办教育促进法进行一揽子修改的修正案草案，明确“对民办学校实行分类管理，允许兴办营利性民办学校”，民办学校不得以营利为目的的局面有望很快改变。消息一出，在教育领域特别是民办教育圈中引发热议，更引发了全社会对民办教育资本发展空间的无限遐想。尽管这一决定需要提请全国人大常委会审议，表决通过后才能产生效力，但业界人士认为，这是自《民办教育促进法》颁布以来民办教育管理的最大突破。

原文载于《经济日报》民生周刊，记者韩秉志，2015年1月21日。

民办学校长期定位不清

对“合理回报”的法律和经济属性认识不一致，给民办学校的规范管理和政策落实带来很大困难，不利于教育事业和产业发展。

教育部统计数据显示，截至2013年底，全国共有各级各类民办学校近15万所，专任教师300万人，在校生达4078万人。近年来发展势头迅猛。

不过，就是这样一支发展教育事业的重要生力军，近些年来却一直饱受诸如法人属性、产权属性、营利与非营利、合理回报等方面问题困扰。除了上述相关规定，我国《民办教育促进法》也明确规定，“民办教育事业属于公益性事业”，同时又规定“民办学校在扣除办学成本、预留发展基金以及按照国家有关规定提取其他的必需的费用后，出资人可以从办学结余中取得合理回报”。但对于“合理”的具体界定并不明确。

中国教育科学研究院研究员储朝晖在接受《经济日报》记者采访时说，我国民办学校是在特定历史背景下出现的，很多民办学校的创办经费由个人和社会资本出资，由于出资性质主要属于投资而不属于捐赠，投资方必然需要收回资本并达到营利目的。

“对合理回报的法律和经济属性的认识不一致，给民办学校的规范管理和政策落实带来很大困难。”国务院发展研究中心社会发展研究部第三研究室副主任佘宇对《经济日报》记者说。

“从现实情况看，我国民办学校在办学行为上也已经分化为营利性和非营利性两类。如果不尊重现实、不加区分、按照同一模式管理，既难以管理，也影响到《民办教育促进法》有关扶持和优惠政策的落实效果。”佘宇说，区分营利性和非营利性、实行分类管理是一些教育发达国家比较成熟的经验，也是国际上管理民办教育的通行做法。

“民办学校的分类，是教育体制和办学体制改革的重要组成部分，也是民办教育规范管理和财政支持的重要前提。规范了民办学校的分类和分类管理，民办学校的法人性质、产权界定、财务管理、治理结构、财政支持等问题就可以从根本上得到解决。”国家教育咨询委员会委员、北京师范大学首都教育经济研究院院长王善迈在接受《经济日报》记者采访时表示。

公益与营利并不矛盾

公益性是办学之后形成的社会影响，营利性则是有关办学行为和办学营利处理的一种制度安排，两者不属于同一范畴的一对矛盾体，也不存在直接的对应关系。

许多民办学校校长和投资方最关心的是如何分类、怎么管理，这关系到近 15 万所民办学校未来的命运。

按照王善迈的观点，民办学校分为营利性和非营利性的标准有三：第一，办学节余或营利是归于学校还是举办者。第二，举办者的初始投入和追加投入所形成的学校固定资产是属于学校还是属于举办者。第三，学校办学终止时，在财产清算清偿债务后的剩余资产是归于社会公益还是举办者。

一位来自东部沿海地区的民办学校校长表示，对于运转情况良好的民办学校，“允许营利性民办学校”的放开，有望让社会资本投入的积极性更高，但这并不意味着资本就能轻易进入民办教育领域，投资风险依然不可忽视。

“实际上，影响分类选择的重要因素是经济上可否获得回报，其实两类学校都可获得经济回报。”王善迈对《经济日报》记者表示，具有营利性质的学校，其经济回报的形式是办学节余和投资形成的固定资产的剩余归于投资者和举办者所有；具有非营利性质的学校，按照国家对公益事业捐赠的优惠政策，其投入可在缴纳企业所得税和个人所得税前按一定比例扣除，享受税收优惠。此外，教育系统还有“冠名权”这一形式的激励机制。对于办学的企业来说，这种捐赠具有公关行为的特征，有助于扩大市场；从学校发展来说，此类学校可享受教育类的税收优惠待遇。

佘宇说，分类管理作为一项重要制度，需要有针对性地制定不同类型民办学校的管理办法、措施和扶持政策，以进一步依法规范民办学校注册登记制度，明确法人属性、登记条件、标准与程序等。可以先选择一些制度基础较好的地区进行试点，以及时发现问题、总结经验、完善制度。“例如，营利性民办学校在工商注册登记，允许举办者获得必要的回报，可给予类似或优于一般企业的税收优惠；非营利性民办学校在民政部门注册登记，对运营成本、财产财务、个人收入分配和年终收益分配等实施严格的监管，为其接受社会捐赠、公共经费投入创造条件，培育真正的非营利性民办学校。且应切实解决部分民办学校既享受与公办学校同等税收优惠政策又如企业般营利以获取利润的问题。”佘宇举例说。

上海市教育科学研究院副院长胡卫认为，分类管理的关键，一是要允许民办学校自主选择；二是要从观念上确定，营利和非营利只是类型不同，不存在高低区分；三是对营利性民办学校要尽快出台管理办法，该鼓励的鼓励，该规范的规范。

许多人关心，若允许民办教育营利，其能否做到公益性和营利性相兼容。北京大学教授文东茅表示，公益性是办学之后形成的社会影响，营利性则是有关办学行为和办学盈利处理的一种制度安排，两者不属于同一范畴的一对矛盾体，也不存在直接的对应关系。营利性并不一定妨碍公办学校的公益性，非营利性也不一定增加学校的公益性。文东茅认为，从实践看，“不得营利”的非营利性机构未必是一种理想的制度安排。由于缺乏利润，非营利组织常常出现低成效、低效率、高风险甚至管理者中饱私囊等问题。

学费不会大幅上涨

非营利性民办校应由政府规定学费指导价，营利性民办校学费由市场调节、政府备案，学校可根据自身办学成本、社会影响力等来制定学费价格，并根据市场反应相应调整。

对于广大家长来说，最为关心的问题是新政策允许民办学校营利后，相应的学费是否会出现上涨？

对此，佘宇认为，民办学校今后的学费是否上涨，应该予以区别分析。首先，实行分类管理之后，关于非营利性民办学校的各项扶持和优惠政策将得以真正落实和进一步完善，这有助于此类民办学校继续提供普惠性教育公共服务，从整体上降低全社会教育成本和价格；其次，营利性民办学校的办学成本将在不断增强的竞争中更加透明，虽然学费确实有上涨的可能，但市场行业竞争将发挥重要的作用，同时若价格出现明显不合理状况，政府仍可对其进行调控；再者，国家对公办学校提供的普惠性教育公共服务仍在增加。从调研情况看，如果区域内公办学校、非营利性民办学校的占比较高，也会对营利性民办学校的收费空间产生一定的约束。

王善迈表示，一般来说，非学历民办培训机构实行备案制，自行制定价格，而非政府制定标准。实施分类管理后，非营利性民办校应由政府规定学费指导价，以便于调整学费上下幅度的界限；营利性民办校学费标准由市场调节，政府备案，学校可根据自身办学成本、社会影响力等来制定学费价格，并根据市场反应相应调整学费水平。

“允许兴办营利性民办学校，还需对其活动范围进行限定。应鼓励和引导社会力量以多种形式进入非义务教育阶段。考虑到不同学段的特殊性，中等职业学校、普通高中及普通高校将是未来民办教育发展的重点领域。”佘宇认为，总体来说，义务教育阶段应以公办学校以及部分非营利性民办学校为主体，营利性民办学校主要是发挥其在提供多样化、个性化需求方面的作用；针对学前教育阶段民办园占比过高的现状，以及这一学段兼有保育和教育的双重任务，在继续增加公办园数量、提高公办园占比的同时，应鼓励和引导民办园提供普惠性学前教育服务。

城乡公共服务均等化，农村教育首当其冲

2015年中央“一号文件”明确指出，未来将围绕城乡发展一体化，深入推进新农村建设，强化规划引领作用，加快提升农村基础设施水平，推进城乡基本公共服务均等化，让农村成为农民安居乐业的美丽家园。

农村教育任务逐年细化

为全面推进城乡基本公共服务均等化，农村教育均衡问题则是不容忽视的一环。从2004年开始中央“一号文件”就指出，要调动社会各方面参与农民职业技能培训的积极性。2008年的“一号文件”进一步加强关注力度并提出对全部农村义务教育阶段学生免费提供教科书，提高农村义务教育阶段家庭经济困难寄宿生生活费补助标准，扩大覆盖面，提高农村中小学公用经费和校舍维修经费补助标准，加大农村薄弱学校改

原文载于《中国经济时报》，记者曹方超，2015年2月13日。

造力度。

而到了 2014 年更是细化了农村教育发展的途径，强调加快改善农村义务教育薄弱学校基本办学条件，适当提高农村义务教育生均公用经费标准。大力支持发展农村学前教育。支持和规范农村民办教育。提高重点高校招收农村学生比例等。

“回顾过去十几年的‘一号文件’可以看出针对农村教育问题涵盖的面越来越广，具体的改革任务也更加明确，同时对农村教育的投入力度也在逐年加大。”国务院发展研究中心社会发展研究部第三研究室副主任佘宇接受中国经济时报记者采访时表示。

他进一步指出，近年来，无论是生均公用经费还是生均公用事业费都在向农村倾斜，城市和农村之间的差距在逐步缩小，甚至有些农村学校的硬件设施强于城市。除了“硬件”外，为有效改善农村地区教学质量与教师配备情况，国家也在不断出台相应的补贴政策。

然而，尽管国家对于农村教育投入力度逐年加大，但一些问题还客观存在。据悉，现今我国农村教育发展面临着区域不均衡的困境，东部经济发展较为发达的地区的农村教育发展状况较好，而反观中西部集中连片特困地区的教育发展则较为滞后。

除了区域发展不均衡外，佘宇还指出，虽然现在有很多优惠政策鼓励老师到农村去，但是目前农村师资、学科短缺现象还明显存在，教学质量也不容乐观，优秀的教师“下不去、留不住、干不好”。

对此，今年的中央“一号文件”明确指出要全面推进基础教育数字教育资源开发与应用，扩大农村地区优质教育资源覆盖面。加强乡村教师队伍建设，落实好集中连片特困地区乡村教师生活补助政策。国家教育经费要向边疆地区、民族地区、革命老区倾斜。

“因地制宜”兴办农村小学

今年的中央“一号文件”中还提出要因地制宜保留并办好村小学和教学点。“因地制宜”是针对我国农村小学发展的哪些问题？又该如何理解？

据佘宇介绍，过去特别是在中西部贫困山区，由于学校设置较为分散，教师资源难以全面覆盖，致使许多村小出现学科短缺的情况，教学质量无法保证。而除了教师资源的短缺外，随着城镇化的推进，进城务工人员逐渐增多，农村子女大多随父母迁移，使得村小在招生方面也出现困难。在此背景下，地方往往只有通过“撤点并校”来整合学校教师资源。

但是问题也接踵而至，“并校”后，很多农村学生的上学路程明显加长，而校车服务又无法真正普及，这使得很多孩子的“上学路”异常艰难。“为了缓解这样的现象，许多寄宿制学校相应出现。但是，学校相关管理人员短缺，农村小学生的在校生活质量无法保证，同时过早离开家庭，也使得孩子亲情缺失。”佘宇说。

他进一步表示，正是基于这样的情况，今年的中央“一号文件”提出要因地制宜保留并办好村小学和教学点，这与2012年中央提出的“纠正农村学校布局调整过激行为”是一致的。

“‘因地制宜’首先要尊重当地的文化，让当地居民参与决策是否保留学校。其次教学点布局一定要考虑当地地理特征，保证农村学生可以就近上学，同时采取灵活的教师配给方式。”佘宇认为。

农村学前教育还需县级管理

除了村小学问题外，今年的“一号文件”还强调要支持乡村两级公办和普惠性民办幼儿园建设。对此，北京师范大学教授袁桂林教授认为，这传递出国家对农村学前教育重视的积极信号。现今，我国幼教事业正处于起步与大力发展阶段。

佘宇对此也持相同观点，他进一步指出2011～2013年，根据《教育规划纲要》和“国十条”的精神，各地以县为单位编制实施学前教育三年行动计划，包括农村学前教育在内的学前教育改革发展取得历史性成就。

但是也应该看到，当前农村学前教育事业发展成果还比较脆弱。由于相关制度机制的不完善，农村学前教育仍是整个学前教育事业发展的薄弱环节和短板，基本普及学前教育的重点和难点仍在农村。

佘宇指出，区域发展不均衡同样是学前教育发展所面临的困境，同时学前教育成本分担和运行保障机制尚不健全，农村幼儿园运转普遍困难也是农村学前教育发展的难点所在。而随着办园成本不断上升，收支不平衡也已成为影响农村幼儿园“办园难”（或运转困难）的重要因素。

此外，佘宇还认为，作为承担农村地区学前教育的重要力量，农村民办园大多数为缺乏资质的“小作坊式”，管理不规范、幼儿教师“无证上岗”等现象突出，园舍与设施、食品卫生与疾病预防、幼儿交通等方面存在诸多隐患，安全事故频发。

那么，我国的农村学前教育事业又该如何发展？

对此，佘宇呼吁说，发展农村学前教育，必须切实转变政府职能，理顺权责关系。首先，要继续加大财政对农村学前教育的投入力度，尽快出台学前教育生均公用经费标准或生均财政拨款标准，进一步明确学前教育经费投入及增长机制、学前教育经费在同级财政性教育经费中的比例等。

其次，加大对农村薄弱地区学前教育的支持力度。针对集中连片特困地区中大多是山区或高原地区，应进一步推广“巡回支教”服务模式，重视村一级的资源开发、利用和政策倾斜。

第三，县一级无论是在经费支出、财力保障，还是统筹规划、管理指导等方面都比乡镇一级更有优势，未来应更加明确并加大县级政府对农村学前教育事业的管理职责，建立“以县为主”的农村学前教育管理体制，同时优化乡镇的职责。进一步加强县级层面对农村公办园、民办园发展的统筹、规划和监督职能，以及对这些幼儿园的评估和督导。

除了农村学前教育与义务阶段教育外，中央“一号文件”还提出加快发展高中阶段教育，以未能继续升学的初中、高中毕业生为重点，推进中等职业教育和职业技能培训全覆盖，逐步实现免费中等职业教育。同时还要积极发展农业职业教育，大力培养新型职业农民。

建立教师流动制度：担忧、障碍与建议

义务教育均衡发展的核心在于教师资源的均衡，而教师资源能否均衡的重点则取决于能否实现教师流动。建立教师流动制度，既是推进教育资源均衡配置的关键性举措，也是遏制“择校风”的重要突破口。国际经验也表明，建立这一制度对于推进义务教育均衡发展意义重大。总体上，教师流动工作在全国范围内的推进还很有限，国家相关政策规定在各地的落实情况参差不齐；即便是那些进行有益探索的地方，在推行过程中也面临一些利益、制度层面亟待解决的问题。通过对各地在教师流动方面的有益探索及政策实施中面临的主要障碍进行深入分析，本文建议首先厘清认识，充分考虑教师个体及学校、主管部门等机构利益对教师流动的影响，进而从激励与约束两方面入手，对相关制度障碍进行针对性改革，以切实推动义务教育均衡发展。

义务教育均衡发展是促进基本公共教育服务均等化的重要实现途径，

原文载于国务院发展研究中心 2014 年重点课题“社会政策重点领域改革研究”。

现状却不容乐观。愈演愈烈的“择校”问题，公众反映强烈[①]，负面影响非常突出，亟需解决。“择校”的根源在于校际间教育资源的不均衡，尤其是师资力量的不均衡。对于家长而言，“择校”的背后更是“择师”。推进义务教育均衡发展，需要从投入、教师和学校标准化建设等方面入手，但关键仍然在于教师资源的均衡。

义务教育均衡发展的核心在于教师资源的均衡，而教师资源能否均衡的重点则取决于能否实现教师流动。建立教师流动制度[②]，其主要政策效果在于，可以实现区域内教师资源在知识结构、学科结构、年龄结构、职称结构和骨干结构等方面的调整，逐步缩小校际间差距，切实提升薄弱学校或偏远学校的教学质量，在一定程度上缓解“择校热”，促进教育公平。因此，建立教师流动制度，既是推进教育资源均衡配置的关键性举措，也是遏制“择校风”的重要突破口。

国际经验也表明，建立这一制度对于推进义务教育均衡发展意义重大。日本中小学教师的“定期流动制”[③] 是其促进校际间师资均衡发展，进而促进校际间教育均衡发展，以及最终实现整体教育均衡发展的极为

---

① 以北京市为例，全市小学入学择校率近10年来显著增长，目前已高达50%以上，居国内大城市第一。另据21世纪教育研究院于2011年7~8月组织的北京市“小升初”状况网络调查，针对“您认为目前北京市‘小升初’的情况是否严重”这一问题，62%的受访者表示“非常严重”，26%的受访者认为“严重”。

② 在国内相关文献中，“教师流动”、“教师轮岗”等概念往往被频繁交替使用。为了强调这一制度能够真正具备“旋转门”的特征，所以将其翻译为 Schoolteacher Rotation System 更为准确。

③ 日本教师的“定期流动制”始于“二战”后，主要在公立基础学校（小学、初中、高中及特殊学校）范围内实施，主要目的是：不断提高教师的工作热情和创新能力，增加教师多种经验积累；合理配置人才资源，保持学校之间教育水平的平衡；打破教育的封闭状态，使学校办学始终充满活力。从实施效果来看，确已实现了缩小甚至弥合校际间差异、改善薄弱学校状况、促进教育均衡发展、维护教育公正公平、提高基础教育整体质量等目标。

关键的途径。韩国通过实施以教师流动为核心的“教育平准化”政策[①]，也有力地促进其义务教育质量的全面提升，并成为世界范围内教育普及率高、质量高、均衡度高的“三高”典范。法国通过实行“优先教育区”政策[②]，以及从教师培养规格、统一中小学教师工资待遇等方面入手，为教师大范围流动创造条件，使师资配置达到了较高的均衡水平，有效地促进了基础教育均衡发展。

一、建立教师流动制度存在的若干担忧

虽然《国家中长期教育改革和发展规划纲要（2010－2020年）》（以下简称《教育规划纲要》）已就我国义务教育均衡发展存在的问题，特别是城乡差距、区域差距和校际差距，明确提出“合理配置教育资源”、“实行县（区）域内教师和校长交流制度”等应对措施，但仍有不少人对此存在担忧，需要从认识上予以厘清。

（一）关于“教师流动容易造成千校一面”的担忧

义务教育是国家依法统一实施的具有强制性的免费教育，是公民的

① 大致包括三方面主要内容的“教育平准化”政策：一是倾斜拨款，对“不利学校”增加教育拨款，大力改善其办学条件；二是教师流动，实行每工作约四年流动一次，以确保学校师资水平的均衡；三是就近入学，对学生进行综合评分，各学区内由计算机随机确定适龄儿童将要就读的学校。另外，还包括取消中学入学考试等。

② 法国于1981年出台“优先教育区”政策，其中，关于师资配置主要有三方面规定：对“优先教育区”的师资配置给予特别支持，要求为其配置高质量的、合适的教师队伍；增加“优先教育区”的教师数量配置，以便加强对处境不利和学习困难儿童进行个别辅导；提高“优先教育区”任教教师的工资待遇。

基本权利。从基本公共教育服务均等化[1]角度理解，核心就是基本办学条件（设备、图书、校舍等）、师资、管理水平的标准统一，应重在促进公平而不是追求特色[2]，且必须强调“适度水平保基本”、“限低又限高”的原则。国际经验同样表明，教师轮岗和设施均等化[3]有利于实现教学资源的均等化，真正体现义务教育的全民性和公平性。

即便从教师流动的渐进性和规模来看，建立这一制度造成“千校一面”的可能性也不大。首先，均等化并不排斥多样化需求，政府只是“保基本”，公众可以通过选择私立、非营利等其他形式的教育服务[4]寻求特色；其次，在公立学校内部，从各地实际情况来看，每年或每所学校的教师只是少数流动[5]，而不是全体或大规模，在技术上可保证学校特色的继承；此外，有些优质学校是几十年甚至上百年形成的，已有的办学特色、校园文化、教学质量和管理水平等，也不会因少数名师的流动而转瞬即逝。

---

① 《国家中长期教育改革和发展规划纲要（2010－2020年）》明确提出：“建成覆盖城乡的基本公共教育服务体系，逐步实现基本公共教育服务均等化，缩小区域差距。”

② 当然，在义务教育阶段通过标准化的方式实现较高质量的均等化后，也要注重多样性。这是因为较高程度整齐划一的均等化可能造成平庸化。均等化不是强制拉平，应和个性化并存。要营造一个富有活力的义务教育发展局面，公平和效率不可偏废。

③ 日本1891年颁布的“小学校设备准则”规定了校地、校舍的基准、应备置教具的种类，建筑趋于统一化、标准化；1947年《学校教育法》规定了办学基准，对选址、占地面积、校舍面积、师资水平、实验器材、图书配备等提出明确标准，并要求必须依法严格执行；1958年制定《公立义务教育学校的班级编制及教职员编制标准相关法律》，以规范班级规模和师生比例；另外，对偏僻地的学校还有现代信息设施方面的特殊关照，确保了偏僻地的设施不仅不落后且能够在现代信息技术的支持下与发达地区享有类似的教育资源。韩国则是通过倾斜拨款政策，对“不利学校”增加教育拨款，大力改善其办学条件。

④ 以日本为例，除去占绝大比例的公立学校，还有一定数量成立背景、教育目的、管理手段、教学方式千差万别，收费标准也各不相同的私立学校，以满足公众的不同需要。

⑤ 例如，武汉市规定各区每年参加区内交流的教师人数只是要求达到符合交流条件教师总数的7%以上；江苏省在示范区推动教师轮岗制，骨干教师每年进行交流的比例也只是要求不低于骨干教师总数的15%；即便在实现较高均等化水平的日本，教师流动也大致只是20%的比例。

（二）关于“通过提高待遇引导教师向农村流动，可能引起其他农村公共机构服务人员攀比”的担忧

教育优先发展已被确立为党和国家的重要战略，“百年大计，教育为本”、“强国必先强教”，优待教师有利于引导优秀人才向教育部门的集聚。现阶段而言，我国的义务教育远未实现均衡发展，仍是教育事业的重中之重，需要集中人力、财力予以最优先的扶持。从教师资源来看，编制结构性问题突出（城镇超编、农村缺编），农村教师学科结构、知识结构、年龄结构失衡，同级别教师收入在学校间差别较大。因此，通过提供不低于乃至高于城市的待遇水平，引导教师（特别是优秀教师）向农村地区、薄弱学校流动，切实加强农村教师队伍建设，是促进义务教育均衡发展的重要措施。

此外，从公共部门薪酬的国际比较[①]来看，我国中小学教师的相对工资水平明显低于日韩等东亚国家。作为一个人均自然资源同样较为匮乏的国家，我国应同样重视培育人力资本优势，在教师薪酬上向日韩的相对工资水平看齐（大约是人均 GDP 的 1.5 倍左右）。这也符合国家规定的“确保教师平均工资水平不低于当地公务员”的基本原则和方向。

---

① 王列军、贡森：“公共部门薪酬激励的国际比较及启示”，《国务院发展研究中心调查研究报告》第 179 号（总 3934 号），2011 年 9 月 27 日。

二、建立教师流动制度面临的主要障碍

近年来，按照国家既有政策[①]的要求，各地在教师流动方面[②]进行了一些有益探索[③]。但总体上，教师流动工作在全国范围内的推进还很有限，国家相关政策规定在各地的落实情况参差不齐；即便是那些进行有益探索的地方，在推行过程中也面临一些利益、制度层面亟待解决的问题，如果缺乏对相关利益影响的充分考虑及采取针对性的制度改革，教师流动制度难以真正得以建立并发挥应有作用。

---

① 2001年，《国务院关于基础教育改革与发展的决定》提出城乡教师"对口支援"的交流方式，要求援助地区的学校要为受援地区的学校培养、培训骨干教师。2003年，《国务院关于进一步加强农村教育工作的决定》进一步提出建立城镇中小学教师到乡村任教服务期制度。2005年，《教育部关于进一步推进义务教育均衡发展的若干意见》提出要采取各种有效措施，建立区域内骨干教师巡回授课、紧缺专业教师流动教学、城镇教师到农村学校任教服务期等项制度，积极引导超编学校的富余教师向农村缺编学校流动，切实解决农村学校教师不足及整体水平不高的问题。2006年6月颁布的《中华人民共和国义务教育法》明确规定："县级人民政府教育行政部门应当均衡配置本行政区域内学校师资力量，组织校长、教师的培训和流动，加强对薄弱学校的建设。"2010年1月，《教育部关于贯彻落实科学发展观进一步推进义务教育均衡发展的意见》强调"健全城乡教师交流机制，推动校长和教师在城乡之间、学校之间的合理流动，鼓励优秀校长和骨干教师到农村学校和薄弱学校任职、任教，发挥示范、辐射和带动作用。建立完善城镇教师到农村学校任教服务期制度"。2010年7月颁布的《国家中长期教育改革和发展规划纲要(2010-2020年)》提出切实缩小校际差距，"实行县（区）域内教师和校长交流制度"。

② 据有关研究统计，截至2010年10月，全国已有25个省市和地区出台了教师流动的相关政策。对于"教师流动"，各地实施的政策中有许多不同表述，如"教师轮岗"、"教师走校制"、"教师轮换"等，这里不做严格区分。

③ 主要有四类做法：一是沈阳等地采取教师的人事关系由原学校迁入到流入校；二是铜陵等地将教师的人事关系由区里统一管理；三是合肥等地规定流动的教师人事关系仍保留在原学校，进行一定年限（非短期）的交流后仍可回到原学校；四是杭州、成都等地采取教师仍留在原学校，但要为教育集团内其他学校提供智力支持和指导。虽然以上四类主要做法的实施效果并不完全相同，且政策出台背景、条件及具体内容也存在差异，但确实存在某些共通及可资借鉴之处。概言之，大致包括以下几个方面：一是淡化教师校籍、强化区域（区、县、学区或教育集团）管理；二是实现区域内（省市地区、学区）资源均衡配置（投入、教师、学生资源），区域内差距小；三是教师只是部分而非全员流动；四是通过工资均等化等方式有效缩小校际间教师收入差距；五是当地领导认识到位，对教师流动工作"真重视"。

（一）利益层面的障碍

校际间差距的长期存在，事实上已经形成了一个既得利益群体。因此，教师流动势必带来这一利益格局的调整，既涉及教师个体利益的变化，又涉及学校（特别是名校、重点学校）利益的增减，还涉及包括教育主管部门在内的相关政府部门的利益①。在一些地方，名校、重点学校已经成为当地的“面子工程”，且维系着当地强势群体（阶层）的利益。出于学校与权力“联姻”能带来彼此利好的分配格局考虑，教育主管部门也倾向于把优秀的教师分配到名校、重点学校。名校、重点学校意味着更好的福利待遇和更优的工作平台，其在选择师资力量上长期具备绝对的优先权，可以通过各种形式获得资金等各种支持，优秀教师扎堆于此不足为奇。不仅如此，名校、重点学校办学硬件等方面的优势，也为教师业务水平提升提供了重要的基础条件，且这些学校的教师事实上还拥有评定职称和获得社会荣誉的优先权，拥有更多接受学习培训的机会。因此，这种个体及机构利益层面的障碍对教师流动的影响不容忽视。例如，虽然江苏省2010年全面实行义务教育阶段教师绩效工资制度，实现同一区域教师工资基本均衡化，为教师流动奠定了基础。但也应该看到，仅从校际间的教师收入差距来看，实际上在江苏仍然不小，而全国其他地方的这一差距也普遍较大。

（二）制度层面的障碍

从现有的制度保障（配套措施）来看，教师流动也没有形成门槛性、

---

① 当然，教师流动所面临的利益层面障碍，不仅仅局限于教师、学校、主管部门三个方面。例如，就近入学政策实施后，名校、重点学校所在社区的户口和住房成为含金量很高的资源，“学区房”、“学区户口”炙手可热，这背后的利益显而易见。

强制性的制度。虽然《义务教育法》和《教育规划纲要》已明确提出了教师流动的相关内容，但现行《教师法》无论是在教师的“资格和任用”，还是在教师的“义务和职责”中都没有对教师流动有专门的规定；不仅如此，由于我国教师的身份不是公务员①，教师流动（以及由此带来的人事关系变动）与现行《事业单位人事管理条例》中人员招聘、竞聘、解聘等规定并不相符，强制流动也缺乏法理正义性。例如，郑州市的教师资源共享并非教师流动，仍局限在流动教学、重点校教师与薄弱校教师建立师徒制等措施上，教师资源均等化推进力度、范围较为有限；无锡市虽然明确了在轮岗交流期间工作突出、成绩显著的教师，在业务进修、评先评优、晋升提拔等方面同等条件下优先考虑，但教师流动并未在较大范围内以法律法规形式形成门槛性、强制性的制度。

三、义务教育学校教师流动的“嘉善经验”

作为全国唯一独立承担“国家教育体制改革试点项目——义务教育学校教师流动”的试点县，浙江省嘉善县自2009年起在教师流动方面开展了一系列探索，取得了一定成效，形成了值得推广与借鉴的“嘉善经验”。

---

① 在韩国，公立学校教师的法律身份是公务员，享有公务员的相应权利并承担相应义务，并受较多约束，例如不允许在业余时间以营利为目的当私人老师或在培训学校任教。在日本，教师也是公务员，这就保证了体面、稳定职业和收入。1949年日本政府制定《教育公务员特例法》，规定日本中小学教师的定期流动（或者叫“转任”）属公务员“人事流动”的范畴，所有作为地方政府公务员的中小学教师必须强制流动。在法国，义务教育教师均为国家公务员，包括全体小学和初中教师，其工资一律由中央财政支付。

（一）主要做法

嘉善县教师流动政策的动因最初是为了解决因行政区划调整引发的师资均衡问题①，进而以解决局部问题为契机推动了全县教师流动改革。具体做法如下。

首先，立足“两为本”，形成教师流动的普遍共识。嘉善县立足“以校为本”“以师为本”，充分尊重学校的发展历史和办学主体，尊重教师的专业发展和个人意愿，把教师流动与学校发展、教师个人成长相结合，建立合作共赢的目标激励机制。在明确流动目标的同时，嘉善县还通过多种形式宣传教师流动工作的背景和意义，依托教育系统干部“双休日大课堂”，开展以“教师流动”为主题的校长论坛，围绕教师流动工作召开不同层面座谈会、恳谈会，征求各方意见，利用各类媒体加强宣传引导，消除校长、教师和各界的思想顾虑，努力形成教师合理流动的共识。

其次，设立“五大类别”，构建教师多元流动模式。嘉善县针对参与流动学校和教师的不同需求，首创学校中层以上干部、名教师、普通教师、新教师和特长教师五大类别流动。在中层干部流动中设计了培养型、优化型、任期型及回避型四种流动方式，在普通教师流动中设计了竞聘型、服务型、互动型及转岗型四种流动方式，不仅有利于县级层面对教师流动效果的整体把握，更有利于推动学校师资队伍的优化配置。从教龄来看，在一所学校连续任教满 3 年的教师（一般男未满 45 周岁、女未

① 2009 年 7 月，由于嘉善县政府所在地的魏塘镇一分为二，该地的学区调整势在必行，原魏塘中学和魏塘四小这两所师资薄弱学校面临着招生的现实困难。为此，县教育局采取了三项举措：一是义务教育阶段公办学校 2010 年招生严禁择校；二是将两校分别更名为“嘉善县实验中学”和“泗洲小学”；三是从城区名校抽调 2 名校级领导、6 名初中名师、3 名小学优秀班主任进行师资支援。从结果来看，两校的学区调整进行顺利，既没有 1 名户籍学生流失，也没有 1 名学生家长投诉。

满40周岁）可自主申报流动，连续任教6年及以上的教师作为流动重点，连续任教9年及以上的教师由学校统筹安排，择时流动。从年级来看，为避免因流动打乱正常教学秩序，流动教师原则上小学阶段是一、四年级，初中阶段为一年级。从流动方向看，既包括城区到农村的服务流动，农村到城区的对等培养流动，也包括农村与农村之间、城区与城区之间的互动流动，以及学校发展特色需要开展的特长流动，等等。从管理方式看，对校级领导、中层干部和名师的流动采取全县统筹推进的方式，而对普通教师、特长教师的流动则采取由各教学片根据实际需要主导推动的方式，只有当片内无法调配时，才在片与片之间进行适当调剂。

第三，引导与保障并重，提高教师参与流动的积极性。在方案制定中，嘉善县注重建立政策驱动引导机制，配套实施了有关教师评定、考核等制度改革。例如，明确城镇义务教育学校教师申报高级职称必须具备3年以上农村任教经历，申报中级职称必须具备2年以上农村任教经历。为鼓励教师及早流动，还对教师职称改革中的农村任教年限设置了过渡期，早流动早得益。与此同时，县财政每年还安排400万元专项经费，用于流动教师的奖励、培养、交通等。县里专门安排了43辆教师接送车，让住在城镇但在农村任教的859名教师免费乘车。对不带编制流入城镇学校的农村教师、流入农村学校的城镇教师，在服务期内享受每月60~400元不等的任教津贴。此外，参与流动到农村去任教的各级名师，不仅在流动期间优先享受学术休假和培训，而且，其任教津贴均为在城区任教的3倍，每月差额在300~800元不等。

最后，加强跟踪管理和服务，确保发挥实效。为避免教师流动流于形式，保证流动工作质量，嘉善县确定了两个层面的跟踪管理方式。在县级层面上，全面推进“一室一档一网一地一窗口”的“五个一”建设。“一室”是指以学校为单位建立名师工作室，制定相应的目标任务，助推教师专业成长；“一档”是指县、校两级建立流动教师业绩档案，加强对流动教师工作的跟踪管理；“一网”是指建立教师流动网，为流动教师提供交流平台；“一地”是指学科基地建设，配合教师流动，在4所学校建立学科基地，承担年轻教师流动实践培训任务；“一窗口”是指依托各级各类媒体建立宣传窗口，大力宣传教师流动先进典型和成功经验，充分展示流动教师风采，营造积极向上的良好氛围。在学校层面，除做好上述“五个一”外，各参与流动的学校积极为流动教师安排合适岗位，通过与学校班子成员结对子、安排参与学校管理等方式调动流动教师的事业心和责任感，充分发挥其优势。此外，还加强与流动教师原所在学校之间的校际交流合作，实现多种教育资源共享。

（二）初步成效

总体而言，嘉善县教师流动不仅弥补了城乡教育人员、学科、职称、年龄上的结构性缺失，更促进了教师专业成长，增强了教师队伍活力，均衡了优质教育资源，为教育公平提供有力支撑。具体表现在以下几方面。

首先，带动整个师资队伍质量提升与结构优化。嘉善县38所义务教育学校实际流动教师573人，占符合教师流动条件（共计1612人）的35.5%。其中，约一半的校级领导和近三成的中层干部进行了流动，各学校领导班子年龄结构、人员配置更为合理。名师和骨干教师向农村薄弱学校的流动，为其作用和潜能的发挥搭建了新的平台，并能充分发挥“鲶鱼效应”，带动整个师资队伍质量的提升。

其次，助推校际之间形成良性互动的发展态势。嘉善县的教师流动有效地推进了校际之间的深度交流，改变学校办学思维，激发了学校发展活力；同时，通过特长教师的流动，实现优质资源共享，解决部分薄弱学校特色发展的瓶颈问题，推进学校之间的高水平均衡发展。例如，在全县学校发展性评价特色项目评选中，义务教育学校共有17个特色项目，而农村学校就占到11个，占比高达65%。一些农村学校实力提升明显，甚至给城镇的中上等学校造成了压力，从而进一步激发学校、教师的创造性和发展后劲。这都有利于学校之间形成一种良性互动的竞争发展态势。

第三，促进优质教师资源在城乡之间合理分布。嘉善县共有31名校级领导流动至农村基础薄弱学校，137名骨干教师由县城学校流入农村学校。34位名优教师流入农村学校，实现全县农村学校名师全覆盖。教师流动，在很大程度上改变了优质师资高度集中在县城的不合理状况，有效促进了城乡骨干教师合理分布，在12所农村学校实现了名师、学科领军人物“零的突破”。而且，校级领导的流动，实现了学校干部队伍优化组合，也较大程度提高了农村薄弱学校的管理水平。

（三）几点启示

当然，教师流动是一个难题，嘉善县在深入推进这项工作的过程中还会遇到许多困难，也将面临一些新的挑战。这就需要相关政策不断完善，后续措施持续跟进，体制机制不断健全，既要有整体设计和统筹考虑，又要有重点、有阶段、有层次、有步骤，积极稳妥，有序推进义务教育的均衡发展。总的来看，嘉善县的教师流动工作之所以能够顺利实施，离不开当地政府领导的大力支持，离不开他们对教师流动工作“真重视”。用他们自己的话来说，就是“想干点事”，而且“胆子很大”。

而且，经过多年的努力，嘉善全县义务教育学校基础设施条件已经基本均衡，县域内半小时交通圈也已建成，等等，这些都为教师流动创造了良好的外部条件。具体如下。

首先，办学条件城乡统一标准。在推进义务教育均衡发展过程中，县域内已逐步实现校舍、经费、设备、招生、教师配置等“六统一”，义务教育学校校际之间差异系数小学、初中分别是0.28、0.33（国标是小学0.65、初中0.55），基本消除城乡之间在办学条件上的差距。

其次，农村学校布点合理，交通便捷。县城到各学校大致只需半小时，教师到最远距离学校的上班时间约为40分钟。通过安排教师接送车制度，让在农村任教的859名义务教育学校教师上下班免费乘车，有效解决了流动教师工作在农村、居住在城区的实际交通问题。

第三，县域内经济差异较小。作为长三角唯一被纳入《长江三角洲地区区域规划》的县，城乡统筹发展取得很大进展。2011年城镇居民人均可支配收入3万元，农村居民人均可支配收入1.5万元，城乡统筹发展水平综合评价名列全省第六、全市第一。这种较小的区域经济差异，有助于消除流动教师在生活等方面的顾虑。

最后，农村教师待遇水平高于城区。义务教育学校自2009年起全面实施绩效工资，目前人均5.4万元。其中，农村教师基础工资上浮一级，享受农教津贴和奖励；而且，农村名师补贴是城区的3倍。

四、教师“县管校用（聘）”的成都探索

成都市在统筹城乡教育综合改革试验区建设过程中，为破解教师资源均衡配置这一难题，从管理体制入手，自2007年起，在青羊、温江、

双流、郫县四个区县先行试点，积极探索“县管校用”的管理体制改革，打破学校对教师的“一校所有制”，理顺了教育行政部门、教职工管理服务中心、学校与教职工的关系，实现了教职工由“单位人”向“系统人”的彻底转变，从而更好地实现了政校分离、管办分离、聘用分离，推进了教师交流。

（一）教师管理体制改革的主要做法

截至2013年底，成都全市已有19个区（市）县成立了教师管理服务中心，中心与教职工签订人事聘用合同，学校与教职工签订岗位管理合同，20957名教师纳入“县管校用（聘）”范畴，实现“单位人”向“系统人”的转变。

首先，加大交流力度，促进区域教育均衡发展。一是严格执行校长任期制。校长（含副校长）在同一学校任职超过9年的必须交流，城区、城镇学校校长优先交流到农村学校或相对薄弱学校任职。2012年、2013年分别交流390名、431名，占义务教育学校校级干部数的22.4%、22.2%。二是认真落实县域内教师交流。在同一所义务教育学校任教满6年，且当年9月1日前男不满50周岁、女不满45周岁的教师，纳入应交流范围，每年教师交流与骨干教师交流比例均应达到15%。2012年交流教师4759名，其中骨干教师1612名，交流比例分别为16.2%、17.7%；2013年交流教师5224名，其中骨干教师1842名，交流比例分别为17.3%、19.6%。三是加强教育联盟间交流。组织21个区（市）县结盟、学校结对发展，按照不低于结对学校专任教师总数2.5%的比例选派教师赴农村学校支教。①互派干部。选派优质学校现任中层及以上干部跨区域到农村学校、相对薄弱学校任校长、副校长；选派农村学校、相对薄弱学校校级后备干部到优质学校锻炼。②选派教师。中心城区选派到对口支援的农村学校支教教师不低于城乡结对学校专任教师总数的2.5%。2010~2013年，结盟区（市）县交流任职和上挂锻炼的干部共334名，教师交流1882名，1.7万名城区骨干教师和农村学校教师师徒结对。四是试点委托管理和名校领办改革。选派优秀校长行政跨区域任职。

其次，加强队伍建设，建立教师合同退出机制。一是市政府发布《关于加强教师队伍建设的意见》，明确加强教师队伍建设的总体目标、重点任务和工作要求。二是市教育局发布《关于教师退出教学岗位的实施办法》，将教师退出教学岗位的相应条款和内容格式化为合同内容，畅通了教师退出渠道。三是印发《中小学教师资格定期注册试点实施办法（试点）》，全面启动中小学教师资格定期注册试点工作。四是建立全市教师信息综合管理系统，将全市近10万名公办中小学（幼儿园）干部教师信息录入教籍系统，实现教师信息的实时网络监控和集中系统管理。2014年上半年，全市12个区（市）县完成了本地教师退出机制实施办法的制定，218名教师退出教学岗位。

（二）教师管理体制改革的初步成效

“县管校用（聘）”从制度上弱化了学校对教育人才流动的限制，消除了城乡之间、区域之间教师交流在体制上的障碍，较好地实现了优质教师资源的区域内共享，有力促进了义务教育学校教师的有序、正向流动与均衡配置。

首先，实现“管办分离”，提升了管理效率和服务质量。教职工管理服务中心的成立，理顺了区（市）县教育行政部门、管理服务中心、学校与教职工的关系，实现教职工由“单位人”向“系统人”的转变，把教育行政部门和学校从繁杂的事务性管理中解脱出来，让学校管理团队能全身心投入教学管理。一是理顺教育局与教师的关系。教育局通过对区（市）县学校编制进行分解，招聘录用编制和增人计划内的教师，调配系统内教师流动（交流），对校（园）长进行选聘、考核、交流和培训，初审学校管理岗位数、专业技术岗位数和工勤岗位数，指导和监督学校教职工的聘用、管理、考核及培训。二是理顺管理服务中心与教师的关系。作为区（市）县教职工人事聘用的主体单位，管理服务中心与教职工签订人事聘用合同，具体实施教职工岗位交流，承担教职工特别是教师专业发展管理，主要负责组织评优评先、职称评聘、教师资格认定、绩效考核等工作。三是理顺学校与教师的关系。学校按照校（园）长负责制，按相关规定与受聘教职工签订岗位聘用合同，依据制定的考核标准，对受聘教职工的工作过程及结果进行考评，根据受聘教职工工作的质与量，核算和发放奖励性绩效工资等。

其次，促进干部教师的均衡配置，有效缓解中心城区“择校热”。2013 年，全市交流校长（副校长）431 名，占义务教育学校校级干部数的 22.2%；交流教师 5224 名，占应交流教师总数的 16.2%，其中骨干教师 1842 名，占比 19.6%。大量名优教师向薄弱学校、涉农学校流动，带动了相关学校办学质量、教师队伍整体水平的显著提高。通过以师资为重点的资源均衡配置，全市义务教育择校热得到有效缓解。2013 年，“非正常跨区域入学”人数占全市义务教育阶段公办学校招生总数的 9.1%，较 2012 年下降了 7.6%。

第三，提升了教师队伍的整体活力。城乡教师的互动交流，打破了一所学校相对单一的教师学缘结构和教学风格，激发了新的教育智慧。教师流动到新的学校，面对新的环境和任务，能激发工作热情，增强岗位意识和创新意识，促进其专业持续发展。教师流动也为学校补充了新鲜血液，为学校带来新的工作思路和工作方法，有利于增强学校组织的生命力和创新性。薄弱学校教师定期或长期交流到优质学校，自然是促进自身专业成长的良机；名校干部教师交流到薄弱学校，通常能够得到新的平台，更好地展示自己的风采，激发自身的能量。同时，聘任制改革和退出机制的建立，打破了传统教师职业“铁饭碗”观念，增加适度的职业紧迫感和危机感，帮助教师克服职业倦怠情绪。

（三）教师管理体制改革的思考

首先，积极探索教师流动管理的补偿机制。义务教育阶段教师“县管校用（聘）”制度，在促进教育公平的同时，会在一定程度上给教师带来一些担心甚至烦扰。如，教师心理上的归属感、稳定感，名校教师的优越感等受到影响；由于流动导致教师居住地与学校间的距离变远（或变近）等，所有这些，会使一部分教师产生抵触情绪。因此，需要积极探索实施教师“县管校用（聘）”流动管理制度的补偿机制，健全相应的配套制度。

其次，建立健全教师“县管校用（聘）”的民主决策和公开监督制度。教师“县管校用（聘）”是教师管理制度的重大变革，是学校与县级教育主管部门在教师管理权限上的重新配置和调整。“县管”管些什么，“校用”怎么用，学校又管些什么？在这些政策决策过程中，需要充分听取教师、学校的意见。相关资源从学校分散配置，到县级教育主管部门集中配置后，资源调配的运行过程必须置于公开监督的条件下。要设计公开监督的程序、机制、平台，做到过程公开，结果公平公正。

第三，进一步强化县域内教师的统筹调剂机制。县级教育行政部门在全面分析中小学超余编情况、岗位结构比例以及教师队伍年龄结构、学科学段分布、工作年限等基础上，提出年度教师统筹调剂比例及实施办法。有条件的区（市）县可以进一步探索“教师多点任教”（即教师“走课”）模式，鼓励工作量不饱和的教师在同一区域内的多个学校任教，尤其是村小教学点所需教师，可以采取就近学校派员轮流执教、兼职任教等方式予以解决。

五、建立教师流动制度的政策建议

如前所述，深入推进义务教育均衡发展，教师资源配置是关键。无论是嘉善的经验，还是成都的探索，都对此做出了较好的诠释。党的十八届三中全会明确提出了“校长教师交流轮岗”的改革要求，国家新一轮“深化教育领域综合改革”也将“校长教师交流轮岗”纳入了议事日程。可以说，以推动“教师流动”为抓手，促进义务教育资源均衡配置的新一轮教育改革已经在全国范围拉开了帷幕。2014 年 8 月，教育部、财政部、人力资源和社会保障部三部委联合下发《关于推进县（区）域内义务教育学校校长教师交流轮岗的意见》，从工作目标、人员范围、方式方法、激励保障机制、管理改革、责任主体等六个方面提出具体意见，要求各地尽快制定校长教师交流轮岗实施办法并全面部署落实。

总之，建立教师流动制度，首先应当厘清并统一认识，虽然有些担忧在局部或缺乏配套制度方面来看是有一定道理的，但并非不可以消除。其次，应充分考虑教师个体及学校、主管部门等机构利益对教师流动的影响，从激励与约束两方面入手（目前是引导性的制度措施较多），对相关制度障碍进行针对性改革。此外，加强中央对地方教师流动工作的宏观指导也很必要。

（一）通过财力均等逐步缩小校际间差距

修改与完善现有法律法规，合理划分各级政府在义务教育阶段的事权责任和财权责任，进而明确规定各自的出资范围和出资方式。考虑到各地财政支付能力差别较大，以及推进改革的难易程度，近期应以缩小区域内校际间差距（尤其是硬件设施等基本办学条件）为政策重点，并通过财政转移支付在未来逐步缩小区域间差距。鉴于“两基达标”只是基本解决了中小学的校舍问题，下一步应继续加大公用经费向偏远地区、农村地区的倾斜力度。需要强调的是，校舍等硬件设施的建设，不仅要有最低标准，更要有最高标准。只有这样，才能强行在硬件设施等基本办学条件上，缩小直至最终拉平校际间差距。

（二）通过工资均等化为教师流动创造条件

国际经验和国内地方实践都表明，教师工资的均等化在一定程度上为教师资源的均衡配置创造了条件。换言之，逐步缩小校际间教师待遇差异是有效推行教师流动的基础与前提。工资的均等化，势必最终消弭地区间、城乡间、校际间教师资源（尤其是优质教师资源）流动的障碍，有助于实现教师资源的合理均衡配置。因此，有必要真正实现同一区域内、同一岗位教师的同工同酬，并设立贫困边远地区、农村地区教师特殊津贴制度，提高教师流动的自愿性。此外，教师公寓或宿舍等配套支持也很关键。

（三）通过同步调整学生资源“倒逼”教师流动

通常认为，只有均衡配置了教师资源（以及学校硬件条件），才能够消除“择校”，从而实现学生资源的均衡分布。但是，成都强力推行就近入学的实践[1]也说明，通过需方（即学生）的某种“倒逼”机制也能达到供方（即教师）资源均衡配置的效果，即积极主动调整学生资源的均衡，或者学生资源与学校、师资等的均衡同步调整，可能会对教师轮岗起到意想不到的效果，也有助于实现学生资源与教师资源均衡配置的良性循环。

（四）以试点省的教师流动制度建设为近期重点

鉴于我国义务教育各项经费投入中省级政府正在成为主角，并结合部分省的教师流动试点经验，如在某个省内解决了学区划分障碍、教师收入和发展机会障碍，并将教师轮岗作为担当教师工作的必要条件，就可能在这个省内率先实现义务教育均衡发展。国家相关部门，可以根据条件（比如区域差异小）和自愿程度，鼓励和扶持在省域范围内率先全面开展这项工作，为未来建立全国划一的教师流动制度提供经验。此外，从教师流动的区域来看，在农村地区，考虑到东、中、西地区差异，在交通便利的东部地区有可能实现一步到位，实现县域范围的教师交流轮岗，中、西部地区则应根据人口分布等逐步过渡；在城市地区，大的城市在区（市）县范围内交流轮岗，小的城市则努力实现城乡统筹。

（五）将教师全面纳入公务员队伍作为未来改革的方向

除了加强县（区）域内义务教育学校教师统筹管理、加快推进“县

① 成都市于 2011 年 4 月 20 日出台《成都市义务教育阶段学生按户籍所在地就近入学的实施意见》，全面建立在户籍所在地就近享受义务教育的体制机制。其主要内容包括：第一，先按户籍区域（所在街道）登记再划片确定学校服务范围；第二，实行入学时间、划片范围、招生计划、程序、结果的“五公开”；第三，取消房产证明为依据的限制性条件；第四，农民工随迁子女，只要提供暂住证、劳动合同和输出地户口证明，按照其居住地统筹尽量安排就近入学。

管校用（聘）”等教师管理体制改革外，还应尽快修改《教师法》《事业单位人事管理条例》等法律法规，将教师流动作为担当教师工作的必要条件，以真正落实《义务教育法》和《教育规划纲要》的相关规定。同时，充分借鉴国际经验，将教师纳入公务员队伍，并通过立法予以保证。这不仅有利于使教师强制流动具有法理正义性，而且为保证其全国大致均等的收入水平提供了可能。长远来看，普遍流动的实现，应将教师纳入公务员队伍作为未来的改革方向。

（六）将义务教育均衡发展程度作为干部考核的约束性指标

教师流动制度的建立，以及相关配套措施的顺利实施，离不开地方领导的大力支持，需要各级政府及其主要负责人认识到位，对教师流动工作“真重视”。要做好校长教师流动的政策宣传等工作，进一步激发校长教师的积极性、主动性，形成校长教师流动的普遍共识，合理划定适合流动的校长教师范围（年龄、比例等），确保校长教师流动取得实效。更为重要的是，必须扭转地方政府片面追求升学率等错误倾向，同时，制定义务教育办学条件的国家标准（包括经费、师资、设施、设备的数量与质量标准），特别是要把校长教师交流轮岗工作纳入党政领导干部教育工作督导考核体系，并以此作为对相关官员考核义务教育均衡发展程度的约束性指标。

参考文献

[1] 汪丞，方彤．日本教师“定期流动制”对我国区域内师资均衡发展的启示．中国教育学刊，2005（4）

[2] 胡苹．韩国义务教育财政经费投入的经验及启示．基础教育参考，2005（9）

[3] 孔凡琴，邓涛．日、美、法三国基础教育师资配置均衡化的实践与经验．外国教育研究，

2007（10）

[4] 王敬尧，陶振．农村义务教育均等化进程中的体制障碍分析．社会主义研究，2008（1）

[5] 袁方成．农村义务教育均等化：现状与改革．华中师范大学学报（人文社会科学版），2008（3）

[6] 张力．改革开放 30 年来我国教育成就和未来展望．中国发展观察，2008（10）

[7] 徐慧楠，王晋堂．义务教育阶段教师流动政策的新进展．中国教育发展报告·2011. 北京：社会科学文献出版社，2011

[8] 陈安国．西部农村地区义务教育中的突出问题及对策建议．行政管理改革，2011（2）

[9] 孙飞，佘宇．义务教育均衡发展的“嘉善经验”．时事报告，2014（4）

[10] 佘宇．如何让教师真正流动起来．时事报告，2014（4）

[11] 中央教育科学研究所教育督导评估研究中心．义务教育均衡发展报告·2010. 北京：教育科学出版社，2010

[12] 高如峰，主编．义务教育投资国际比较．北京：人民教育出版社，2003

如何实现农村学前教育可持续发展

农村学前教育作为教育公平的起点，是城乡均衡发展中一项不可或缺的内容。近年来，国家对农村学前教育的重视程度和投入力度不断加大。2015 年 8 月 24 日，全国人大常委会初次审议《教育法律一揽子修正案（草案）》。其中，教育法修正案草案提出“国家制定学前教育标准，加快普及学前教育以及重点发展农村学前教育”。与此同时，2015 年 8 月 1 日起实施的《中央财政支持学前教育发展资金管理办法》明确了学前教育发展资金重点支持中西部和东部困难省份，并向农村、边远、贫困和民族地区倾斜。然而，改变农村学前教育长期薄弱的状况非一蹴而就，还存在着诸多难题，农村学前教育可持续发展究竟该如何实现？对此，国研网专访了国务院发展研究中心社会发展研究部第三研究室副主任、副研究员佘宇。

国研网：我国是一个人口大国，农业人口众多，农村学前教育在学

原文载于《国研网》专家访谈，2015 年 9 月 1 日。

前教育体系中占有非常重要的位置。您能否简要谈谈当前我国加快推进农村学前教育发展的紧迫性和重要性?

佘宇:农村学前教育是我国学前教育事业的重要组成部分。2010 年 7 月颁布的《国家中长期教育改革和发展规划纲要(2010–2020 年)》(以下简称为《教育规划纲要》)专门提出要“重点发展农村学前教育”、“努力提高农村学前教育普及程度”。同年 11 月出台的《国务院关于当前发展学前教育的若干意见》(以下简称为“国十条”)也提出要“努力扩大农村学前教育资源”。2014 年 1 月发布的《关于全面深化农村改革加快推进农业现代化的若干意见》(即 2014 年中央“一号文件”)在“推进城乡基本公共服务均等化”中,首次提出要“大力支持发展农村学前教育”。2014 年 11 月,教育部、国家发展改革委、财政部印发《关于实施第二期学前教育三年行动计划的意见》,更是明确提出要“逐步建立起以公共财政投入为主的农村学前教育成本分担机制”、“着力扩大农村学前教育资源”。这些均表明,国家政策层面已经把农村学前教育的发展问题提上重要议事日程,农村学前教育受到空前关注,迎来良好发展机遇。因此,加快发展农村学前教育,建立和完善农村学前教育公共服务体系,提高农村学前教育普及程度,已成为当前及今后一段时期保障和改善民生的重大举措。

国研网:近年来,我国农村学前教育事业发展取得了哪些成就?现状如何?

佘宇:2011~2013 年,根据《教育规划纲要》和“国十条”的精神,各地以县为单位编制实施学前教育三年行动计划,国家实施 8 个学前教育重大项目,包括农村学前教育在内的学前教育改革发展取得历史性成就。全国在园幼儿三年增加 918 万人,比过去十年增量的总和还多,学前三年毛入园率达 67.5%，三年提高 10.9 个百分点，“入园难”得到初步缓解。从农村学前教育事业发展情况来看，以 2013 年为例，各项统计数据较 2011 年均有不同程度增长，其中教职工队伍的增幅较大。具体来看，农村幼儿园数量从 2011 年的 58684 所增加到 2013 年的 69878 所，增幅达 19.08%；在园幼儿数量从 993.8 万人增加到 1079.24 万人，增幅达 8.6%；专任教师数量从 20.17 万人增加到 26.83 万人，增幅达 33.02%；保育员从 36421 人增加到 60465 人，增幅达 66.02%；保健医从 7601 人增加到 9920 人，增幅达 30.51%。

不过，当前农村学前教育事业发展成果还比较脆弱。由于相关制度机制的不完善，农村学前教育仍是整个学前教育事业发展的薄弱环节和短板，基本普及学前教育的重点和难点仍在农村。

国研网：在当前城镇化加速背景下，我国农村学前教育发展面临哪些困难与挑战？

佘宇：首先是区域发展的不均衡。发展农村学前教育，是为了适应农村经济社会发展的需要，以及满足农民群众子女迫切的入园需求；但从某种意义上来说，农村自身建设得好不好、发展得好不好，也会影响农村学前教育的发展水平。那些农村学前教育发展较好的地区，往往也是城乡经济社会发展一体化较好的地区；而那些农村学前教育发展缓慢的地区，往往也是农村经济贫困、发展滞后的地区。总的来看，由于底子薄、欠账多，以及普惠性学前教育资源依然不足，中西部农村特别是集中连片特困地区、少数民族地区、人口分散地区、留守幼儿集中地区学前教育发展相对较弱，入园率较低，留守幼儿等困难群体“入园难”还比较突出。正是基于这种发展现状的考虑，2013 年 12 月，中办、国办印发的《关于创新机制扎实推进农村扶贫开发工作的意见》专门把“到

2015 年，贫困地区学前三年毛入园率达到 55% 以上……到 2020 年，贫困地区基本普及学前教育”确定为“教育扶贫工作”的一项重点任务。

其次是幼儿园运转困难问题。学前教育成本分担和运行保障机制尚不健全，农村幼儿园运转普遍困难。对于教办园，县级财政仅对其编制内人员予以保障，编制外人员的工资、社保等从保教费中列支；对于乡镇、村办园，又分为全额拨款、差额拨款、自收自支三种情况，编制内人员由县、乡（镇）两级财政予以保障，乡镇、村级对此类幼儿园投入与否、投入多少完全取决于自身财力情况，不足部分也从保教费中列支；对于民办园，保教费是其主要（甚至唯一）收入来源。考虑到农村地区经济发展总体滞后，幼儿家长经济承受能力有限，幼儿园收费也较为低廉且仅能维持日常运转（及人员费用或举办者利润），大多数幼儿园无力拿出更多资金用于改善园所条件、提高人员素质及待遇等方面，可持续发展更无从谈起。从调研情况来看，大多数农村幼儿园的教职工（编制内的除外）工资和日常运行主要依靠保教费收费；而且，随着办园成本不断上升，收支不平衡也已成为影响农村幼儿园“办园难”（或运转困难）的重要因素，更是带来克扣幼儿伙食费、降低教职工工资等问题。

再有，农村幼儿教师数量不足，专业素质亟待提高。2011 ~ 2013 年，乡村幼儿教师的增幅虽然略高于县镇和城市，但无论是新增数还是总数，乡村与镇区、城区相比均有较大差距。考虑到在园幼儿的实际规模，乡村幼儿教师数量不足的问题更加突出。从在园幼儿与幼儿教师的比例来看，2013 年，乡村幼儿园的这一比例为 40∶1，远高于镇区（25∶1）和城区（16∶1）；即便是从在园幼儿与教职工的比例来看，乡村（24∶1）也高于镇区（16∶1）和城区（9∶1）。学历情况是反映幼儿教师专业素质的重要指标。2013 年，乡村幼儿园专任教师高中学历比例较高

(42.33%)，远高于镇区（31.36%）和城区（22.84%）；而乡村幼儿园专任教师专科学历比例（43.88%）和本科学历比例（7.34%）则远低于镇区（51.74%、13.64%）和城区（55.72%、19.85%）。

此外，学前教育低水平发展也是当前存在的突出问题。从调研情况来看，农村幼儿园违背幼儿成长规律的“小学化”问题较为严重，主要表现在教学内容小学化、教学形式小学化和教学管理小学化三个方面。此外，作为承担农村地区学前教育的重要力量，农村民办园大多数为缺乏资质的“小作坊式”，管理不规范、幼儿教师“无证上岗”等现象突出，园舍与设施、食品卫生与疾病预防、幼儿交通等方面存在诸多隐患，安全事故频发。这些都直接或间接影响到农村学前教育的保教质量。

国研网：那么，您认为造成农村学前教育上述现实问题的原因是什么？

佘宇：原因是多方面的，除了农村的贫困、凋敝以及经济社会发展滞后等外，最核心的仍在于农村学前教育制度机制不完善，一些关键问题仍需进一步突破。

一是政府职能尚未转变。

首先，政府责任不到位。由于对学前教育性质和作用的认识仍不明确，加之现有考核评价制度等的局限，部分农村地区（政府）在各级各类教育中有意或无意忽视（甚至边缘化）学前教育发展，没有把农村学前教育放在保障和改善民生的重要位置。特别是在发展规划、财政投入、师资建设和保障公平等方面，政府责任尚不到位。

其次，发展思路有偏差。目前，各地发展农村学前教育仍然沿袭“重点建设”的思路，大多通过建设乡镇中心园、示范园来提高学前教育普及水平，并把幼儿园等级评估作为推进学前教育事业发展的重要抓手，评估结果更是与幼儿园等级创建经费、升级奖励经费、保教费收取标准等挂钩。现实中，等级幼儿园（优质园）数量与比例已然成为各地政绩指标，功利性、工具性色彩较强。而且，沿袭“重点建设”的思路，采取有区别的投入，从一开始就形成幼儿园之间的差距；对幼儿园实行等级管理，并实行有差别的扶持政策，则进一步强化幼儿园之间的差距。这些都与基本公共服务均等化的理念有所偏离。

第三，行业监管不得力。农村幼儿园（尤其是民办园）幼儿伤害事件、安全事故频发，反映出当地教育、卫生等行政部门联动监管“缺位”或存在“盲区”。如果不尽快解决因“九龙治水”、权责交叉、信息不畅等导致的监管缺失问题，规范农村幼儿园发展，确保其保教质量又何从谈起。

二是事业管理重心偏低。

横向来看，同一层级的不同政府部门在发展农村学前教育方面职责不清、分工不明、权责交叉、多头管理等问题较为突出，前面提及的农村幼儿园安全事故频发仅是其中一个表现。纵向来看，虽然“地方负责，分级管理”频频出现在学前教育相关文件表述中，但各级政府具体职责分担方面的规定仍然模糊且不具体。实际操作中，学前教育的投入责任往往也层层下划到县级以下政府。虽然中央政府也会辅以转移支付提供一定经费支持，但并未形成稳定的保障机制。现实中，大多数乡镇也成为农村学前教育事业的直接责任主体，管理重心层级过低，统筹协调和财政保障能力十分有限。对于那些经济贫困、发展滞后的中西部农村地区，这一问题尤为突出。

三是幼师政策有待突破。

目前，制约幼儿教师队伍建设的关键性政策主要体现在身份、待遇、职业发展等方面。从身份来看，农村幼儿教师分为3种情况，即公办园编制内教师、公办园编制外教师和民办园教师，这种不同会带来职业吸引力、师资稳定性、师德素养、保教能力等一系列差异。从待遇来看，由于身份的不同，“同工不同酬”问题突出。从调研情况来看，农村公办园编制外教师的收入水平仅相当于编制内教师的一半，民办园教师的工资水平就更不乐观（面临拖欠甚至更低）。从职业发展来看，农村公办园对教师在职培训的重视和投入比民办园更多，教师的培养渠道、培训覆盖面也更广。当然，如果考虑到城乡的因素，幼儿教师在工资待遇、职业发展等方面的差异将更加显著，这也使得农村幼儿教师“下不去、留不住、干不好”的状况更加突出。

四是经费保障机制没有确立。

随着中央和地方加大学前教育财政投入，学前教育经费占财政教育总经费的比例在2010年以后明显增长，从2009年的1.36%增至2012年的3.23%．但这些投入大多是项目资金（或专项资金），涉及校舍改建、综合奖补、教师培训、幼儿资助等几大类，主要通过扩总量、增资源的方式来提高农村学前教育普及水平，尚未涉及园所成本分担、日常运行保障等方面的内容。事实上，目前各级政府对学前教育的财政投入仍然严重不足，政府的学前教育成本分担比例仍然偏低，以2013年为例，农村地区的政府分担比例仅为29.92%。之所以会出现这种情况，根本原因还是在于学前教育（包括农村学前教育）在各级各类政府财政中仍未实现“预算有科目”，学前教育生均公用经费标准或生均财政拨款标准仍未出台，学前教育财政经费保障的长效机制仍未建立。此外，如前所述，由于县级以上政府统筹不足，越是（县级以下）基层政府，其学前教育财政支出压力越大。鉴于我国大多数乡镇财力较弱，仅仅依靠乡镇承担财政投入责任，将难以支撑农村学前教育可持续发展。

五是质量保障机制不够完善。

保障并提升农村幼儿园的保教质量，需要进一步健全幼儿园动态监管机制，不断提高教职工的专业素质和实践能力。如前所述，幼儿园等级评估作为评价保教质量的一个主要手段，目前存在诸多问题。如何推进农村幼儿园管办评分离，以及强化教育督导，委托社会组织开展教育评估监测，仍需深入研究。虽然在普惠性学前教育资源仍然不足的大背景下，这些问题还不突出、也不急迫，但解决不好，影响深远。

六是民办园的作用尚不明确。

虽然各地在发展农村民办园方面进行了许多有益探索，也推出不少得力举措，但就全局和总体而言，一些长期制约农村民办园健康发展的制度桎梏和政策壁垒还没有从根本上消除。在“要不要发展农村民办园”、“怎样发展农村民办园”等方面，各地认识并不一致，不同程度存在不敢、不愿、不让、不会的状况。首先，对农村民办园的定位、功能及活动范围认识不清。从调研情况来看，有的农村地区民办园发展很快、规模及数量很大，但提供普惠性学前教育服务的能力还不够强；有的农村地区则偏重（甚至偏好）发展公办园，过于强调公办园的占比，民办园发展还不够充分。其次，除监管不到位外，鼓励和引导农村民办园提供普惠性服务的用地、减免税费（租金）、教师培训等优惠政策（及落实）也不够。第三，购买农村民办园普惠性服务的长效机制还未形成，这里面也有基层政府缺乏相关经验和能力的问题。

国研网：针对农村学前教育发展这些根本性难题，您认为应该如何实现制度机制的突破，实现农村学前教育健康、可持续发展？

佘宇：实现农村学前教育可持续发展，必须首先从根本上消除城乡二元体制的影响，完善相关政策，加大公共财政对农村公共事业投入的力度。聚焦到农村学前教育制度机制方面，则需要从系统设计与重点扶持两方面入手，以确保农村学前教育真正实现可持续发展。

首先应转变政府职能，均衡协调发展农村学前教育。发展农村学前教育，必须切实转变政府职能。首先，按照“国十条”关于多渠道加大学前教育投入的要求，加大财政对农村学前教育的投入力度，尽快出台学前教育生均公用经费标准或生均财政拨款标准，进一步明确学前教育经费投入及增长机制、学前教育经费在同级财政性教育经费中的比例等，务求具体化、可操作，实现学前教育“预算有科目”、“新增有倾斜”、“生均有标准”、“优惠有政策”、“资助有制度”。其次，加大对农村薄弱地区学前教育的支持力度。针对集中连片特困地区中大多是山区或高原地区，应进一步推广“巡回支教”（或“送教入村”）这类服务模式，重视村一级的资源开发、利用和政策倾斜。第三，加大农村学前教育的督导力度。发展农村学前教育，以及相关配套措施的顺利实施，离不开当地政府的大力支持，需要各级政府及其主要负责人认识到位，对农村学前教育“真重视”。必须扭转片面追求等级园数量和比例的倾向，树立基本公共服务均等化的理念，把农村学前教育均衡协调发展程度作为对相关官员考核的约束性指标。

其次，要理顺权责关系，建立“以县为主”的管理体制。发展农村学前教育，必须理顺各级政府间的权责关系。党的十八届四中全会决定（以下简称《决定》）明确指出，（要）“推进各级政府事权规范化、法律化，完善不同层级政府特别是中央和地方政府事权法律制度，强化中央政府宏观管理、制度设定职责和必要的执法权，强化省级政府统筹推进区域内基本公共服务均等化职责，强化市县政府执行职责”。根据《决定》的精神，下一步应着重提高中央和省级政府的责任，特别是在学前教育财政投入和支出方面的责任，建立各级政府共同分担、省级统筹的学前教育经费保障体制。由于县一级无论是在经费支出、财力保障，还是统筹规划、管理指导等方面都比乡镇一级更有优势，未来应更加明确并加大县级政府对农村学前教育事业的管理职责，建立“以县为主”的农村学前教育管理体制（而不是经费保障上的“以县为主”），同时优化乡镇的职责。部分地区在这方面已有好的探索。

“以县为主”意味着要进一步加强县级层面对农村公办园、民办园发展的统筹、规划和监督职能，以及对这些幼儿园的评估和督导；“以县为主”也意味着要进一步加强对县域内各级各类农村幼儿园教职工（尤其是幼儿教师）队伍的管理与服务，既包括编制内教师，也包括编制外教师，还包括民办园教师。例如，可以通过建立“以县为主、县乡（镇）两级共管共建”的农村幼儿教师队伍管理体制，落实农村公办园机构编制，提高农村民办园幼儿教师工资水平（尤其是解决保险待遇问题），强化农村幼儿教师专业培训，大力提升师资专业素养；有条件的地区，也可以考虑将农村幼儿园园长、幼儿教师纳入县域范围内校长教师交流轮岗的范围。总之，发展农村学前教育，仍然是中央、省、市和县各级政府的共同责任。要加大、提高中央和省级政府的统筹责任，特别是在学前教育财政投入和支出方面的责任，建立各级政府共同分担、省级统筹的学前教育经费保障体制。

第三，应当多措并举，充实提升农村幼儿教师资源。发展农村学前教育，关键在于加强保教人员队伍建设。从某种意义上来说，制约农村学前教育发展的核心问题不是园舍建设、设施设备等硬件资源，而是保教人员队伍（尤其是幼儿教师队伍）。如前所述，农村学前教育现有师资队伍，既存在量的不足，也存在质的担忧。如果“量”与“质”的问题不解决，势必影响到农村幼儿身心健康成长乃至生命安全。要想实现农村幼儿教师“下得去、留得住、干得好”，改善他们的待遇水平是一个重要突破口。目前，中央财政已对中西部地区和东部困难地区试点省份的学前教育巡回支教志愿者在岗期间的工作生活补贴以及参加社会保险等费用给予补助，这对于稳步推进农村学前教育发展、及时弥补师资缺口发挥了一定的作用。应在总结试点经验的基础上，将义务教育阶段已经实施的特岗计划、转岗计划、免费师范生制度、需求地生源招生政策等进一步拓展到学前教育阶段，并通过多种方式让这些特岗幼儿教师、转岗幼儿教师能够在农村稳定工作。

但从长远来看，加快建立幼儿教师“人才储备库”十分必要。要充分利用现有具备办学条件的中职、高职以及专科、本科院校资源，扩大幼儿教师等相关专业招生规模，增加人才培养及供给；但对于扩大招生规模的院校，要对其办学条件、办学质量进行严格审查与督导，确保人才培养质量。与此同时，进一步加大中央（及各级）财政资金对农村幼儿教师的培训力度，科学制定培训规划，创新培训模式，完善培训体系，全面提高他们的整体素质和专业化水平。鉴于编制内与编制外教师“同工不同酬”现象普遍存在，下一步应把统筹解决农村幼儿教师编制、待遇（和职业发展）作为努力方向。这就要求进一步建立、完善、调整和优化财政性学前教育的投入结构，在编制数量难以突破的情况下，用服务岗位预算管理代替人员预算（编制）管理。当然，这也是需要进一步研究的重点。

最后，还应因地制宜，选择最适宜的服务供给模式。发展农村学前教育，必须因地制宜，绝不能脱离农村的实际、搞“一刀切”。这就要求，农村学前教育的规划布局必须充分考虑农村人口居住的特点，服务内容必须充分考虑农村家庭育儿的特点。总体而言，农村地区（尤其是中西部农村地区）人口居住相对分散，家长平均受教育程度较低，普遍缺少科学的育儿知识。对于那些父母进城务工、不在身边的留守幼儿，大多是跟祖辈生活在一起，这种隔代抚养给幼儿身体发育、情感、行为和社会性发展等方面造成的不利影响将更为突出。因此，规划布局上，要充分考虑服务半径和覆盖范围，确保广大农村幼儿能够方便、就近接受学前教育服务。

提供这些服务的，既可以是乡镇中心幼儿园，也可以是村幼儿园；既可以是全日制的机构，也可以是半日制、计时制的机构；既可以是按年龄分班的标准园所，也可以是混龄班的幼教点（或教学点）；既可以是公办性质的，也可以是民办性质的，但要保证公益性、普惠性的占有较大比例。服务内容上，要通过培训、观摩、家长班等多种形式，帮助农村家长了解幼儿身心发展的基本规律和特点，扬弃传统习俗与经验，掌握科学的育儿知识；与此同时，还要充分调动基层组织（村委会）各种资源，加强其能力建设与资源整合，优化农村环境，促进家庭环境改善。最后，对于农村民办园，应采取相应举措，从规范与帮扶两方面入手，鼓励和引导其提供普惠性学前教育服务。

抓住热点问题，进一步提高教育满意度

国务院发展研究中心“中国民生指数研究”课题组在2014年开展的近万户入户问卷调查和对5万多户家庭进行的电话调查表明，城乡居民对教育状况总体满意，对教育总体评价稳步提升；但是，家庭子女教育支出压力仍然较大，子女教育仍然是家庭支出压力最大的选项，且不同学段、城乡之间的子女教育支出差异明细；多层次、选择性教育需求较为强烈，既有合理因素，也有不合理因素。对此，本文提出五点建议：高度重视教育民生问题，进一步提高人民群众对教育的满意度；均衡发展义务教育，严格执行就近入学原则，推进基本公共教育服务均等化；采取有效措施，切实保障进城务工人员随迁子女基本享受平等接受义务教育的权利；合理引导校外教育需求，切实减轻学生负担；在非义务教育阶段，鼓励民办教育发展，增强教育选择性。

国务院发展研究中心“中国民生指数研究”课题组对全国8省（市）

原文载于《中国民生调查2015》，中国发展出版社，2016年2月。

近万户①居民进行了入户问卷调查，对 5 万多户家庭进行了电话调查，两个调查都询问了子女教育方面的情况。调查表明，城乡居民对教育的满意程度较高，但教育支出压力仍然较大，多层次、选择性教育需求较为强烈。

一、城乡居民对教育状况总体满意，对教育总体评价稳步提升

从 2014 年电话调查情况来看，全国范围内有 47.1% 的被访者对居住地教育状况的总体评价表示满意。其中，14.6% 的表示“非常满意”，32.5% 的表示“比较满意”。另有 30.2% 的被访者表示“一般”。被访者表示不满意的总占比为 15.3%，其中，“不太满意”的占 10.0%，“非常不满意”的占 5.3%。另有 7.5% 的被访者表示“不清楚/不了解/不评价”。总体来看，被访者对教育的满意程度较高。

与 2013 年电话调查情况进行比较可以发现，被访者对居住地教育状况的总体评价稳步提升，表示满意的总占比提高 5.7 个百分点。其中，表示“非常满意”的提高 3.7 个百分点，表示“比较满意”的提高 2.0 个百分点。表示“一般”的占比下降 2.0 个百分点。被访者表示不满意的总占比下降 1.0 个百分点，其中，“不太满意”的下降 1.2 个百分点。此外，表示“不清楚/不了解/不评价”的也下降 2.7 个百分点，换言之，更多的被访者愿意表达自己的态度。

---

① 在 2014 年开展的近万户入户问卷调查中，有上学（含幼儿园）子女的家庭为 4896 户，若无特殊说明，本文以此为基数进行家庭教育需求的统计分析。

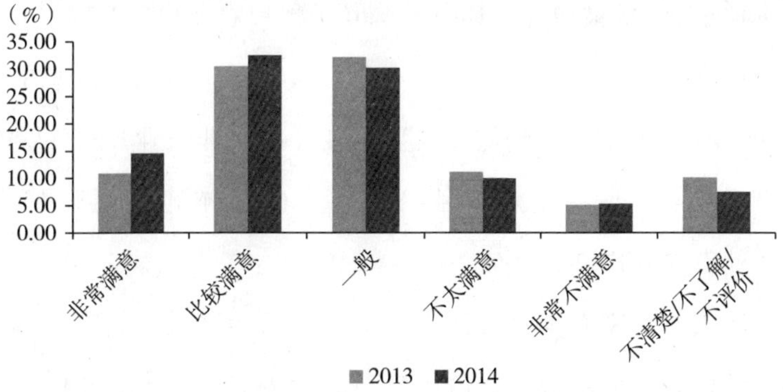

图1　城乡居民对居住地教育状况的总体评价

分城乡来看，农村被访者对居住地教育状况的总体评价略高于城镇被访者。具体来看，有48.4%的农村被访者表示满意。其中，18.5%的表示“非常满意”，29.9%的表示“比较满意”。而城镇被访者表示满意的占比低于农村被访者2.2个百分点，为46.2%。其中，12.1%的表示“非常满意”，34.1%的表示“比较满意”。

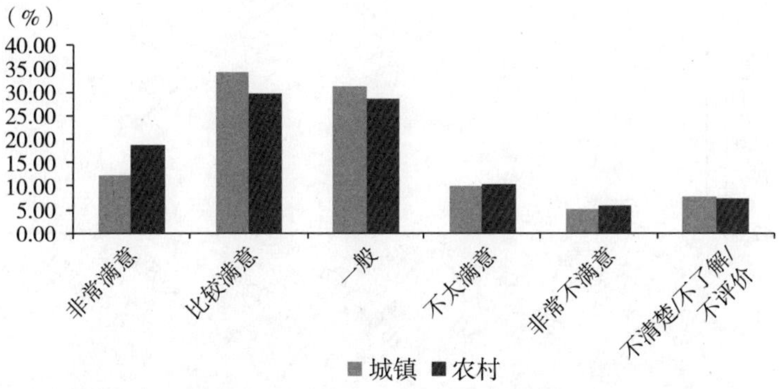

图2　不同区域的被访者对居住地教育状况的总体评价

分户籍来看，本地户籍[①]的被访者对居住地教育状况的总体评价明显

① 包括“本市（县）非农业户口”和“本市（县）农业户口”。

高于非本地户籍[①]的被访者。其中，本市（县）农业户口的被访者表示满意的占比最高，为49.0%；外省非农业户口的被访者表示满意的占比最低，为36.6%。其他从高到低依次为本市（县）非农业户口47.4%、省内非本市（县）非农业户口44.9%、省内非本市（县）农业户口41.8%、外省农业户口37.6%。

分收入来看，家庭年收入在“5万~10万元”的被访者对居住地教育状况的总体评价表示满意的占比最高，为48.1%；家庭年收入在“25万~50万元”的被访者表示满意的占比最低，为44.4%。其他从高到低依次为“10万~15万元”47.6%、“3万~5万元”47.5%、“1万~3万元”47.1%、“15万~25万元”46.3%、“1万元以下”和“50万元以上”均为46.2%。

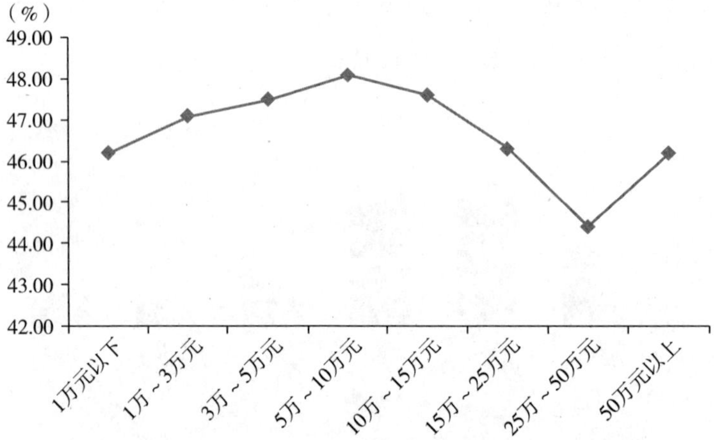

图3　不同家庭年收入的被访者对居住地教育状况的满意度

① 包括“省内非本市（县）非农业户口”、“省内非本市（县）农业户口”、“外省非农业户口”和“外省农业户口”。

二、家庭子女教育支出压力较大，不同学段、城乡之间存在差异

（一）子女教育仍然是家庭支出压力最大的选项

从2014年的入户问卷调查情况来看，有66.3%的家庭全年子女教育总支出①占家庭生活总支出的比例超过10%，有40.2%的超过25%，有11.6%的超过50%，更有3.6%的超过75%。从“家庭支出压力最大的选项”来看，有37.0%的被访者认为教育是第一位的，占比远高于排在第二位的医疗（18.8%）、第三位的食品（12.8%）和第四位的住房（12.5%）。其中，子女处于本科及以上阶段的家庭中，有61.0%的认为教育是“家庭支出压力最大的一项”，占比为各学段最高；子女处于学前阶段的家庭中，有17.3%的持相同看法，占比为各学段最低；其他从高到低依次为高中57.3%、高职57.1%、中职（中专、技校、职高，下同）45%、初中41.9%、小学28.3%。

目前，中职、高职、本科及以上三个学段的家庭教育支出主要集中在学费和生活费方面，其他方面的支出相对较少。随着近些年国家财政投入力度进一步加大，包括奖学金、助学金、助学贷款、学费减免、伙食补贴等在内的国家资助政策体系进一步完善，因学费和生活费带来的家庭教育支出压力有望逐渐缓解②。而其他几个学段除学费和生活费外，

---

① 不包括子女在家的生活费，但包括赞助费、捐资助学费等类似费用。

② 据教育部网站2015年8月18日公布的《2014年中国学生资助发展报告》，2014年，全国资助学前教育（幼儿）、义务教育、中职学校、普通高中和普通高校学生8543.78（不包括义务教育免费教科书、营养改善计划资助）万人次，较上年增长约6.86%；累计资助金额1421.28亿元，比上年增加236.13亿元，增幅19.92%。

家庭教育支出的构成相对更加复杂和多元。因此，这里重点分析影响学前、义务教育（小学、初中）、高中几个学段家庭教育支出压力较大的可能因素。

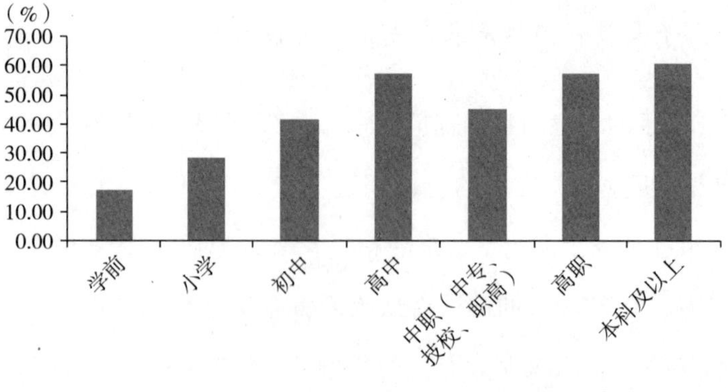

图 4　不同学段反映教育支出压力最大的比例

分学段来看，子女处于义务教育阶段的家庭中，仍有 33.2% 的认为教育是“家庭支出压力最大的一项”①；而子女处于学前和高中阶段的家庭中，持相同看法的比例也分别占到 17.3% 和 57.3%。如图 5 所示，无论是哪一个学段，这部分家庭的年收入都主要集中在“1 万 ~ 3 万元”、“3 万 ~ 5 万元”和“5 万 ~ 8 万元”。换言之，上述学段认为教育是“家庭支出压力最大的一项”的被访者主要来自中低收入家庭。

---

① 值得一提的是，子女处于义务教育阶段民办学校的家庭中，也有 45.1% 的认为教育是“家庭支出压力最大的一项”。在我国现有的义务教育阶段公办资源较为充足、基本能够满足城乡居民子女教育需求的大背景下，对于入户问卷调查反映的这一结果应当具体分析。首先，因当地公办教育资源不足、不得不选择民办学校而带来的家庭负担，需要通过加大公办教育资源或普惠性民办教育资源供给加以解决，当然，此类地区在全国仅为少数；其次，对于那些主动放弃已有的公办教育资源，为了子女能够获得更加优质、个性化、多样化的教育服务而选择“贵族学校”等高端民办学校而带来的家庭负担，政府无须过多干预。

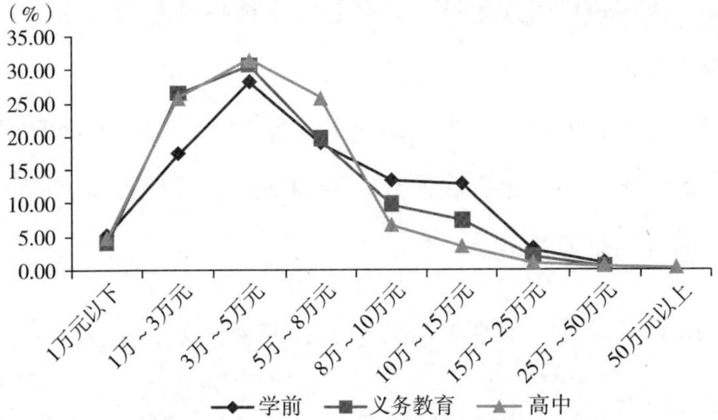

图5 不同学段认为教育支出压力最大的家庭年收入占比

进一步分析可以发现，上述认为教育支出压力最大的家庭中，子女参加课外辅导或培训班的在各自学段的占比普遍较高。其中，义务教育为35.8%，学前和高中分别为22.5%和31.0%。在子女就读民办学校（含幼儿园，下同）方面，学前的占比远高于其他两个学段，达到64.0%。在非本地户籍方面，学前的占比也比其他两个学段高出7~8个百分点，达到20.5%。但在学校周边租房和购置学区房方面，三个学段的占比差异较小。

表1 不同学段认为教育支出压力最大的家庭情况

	学前		义务教育		高中	
	频次	占比（%）	频次	占比（%）	频次	占比（%）
子女参加课外辅导班或培训班	39	22.5	269	35.8	97	31.0
为了陪子女上学，在学校周边租房	14	8.1	72	9.6	30	9.5
为了子女能上好的学校，购置学区房	3	1.6	20	2.7	8	2.6
子女就读民办学校	112	64.0	114	15.2	34	10.9
非本地户籍	40	20.5	100	13.3	39	12.4

注：表中的“占比”指的是，认为教育是“家庭支出压力最大的一项”的被访者在其子女所处学段全部被访者中所占的比例。

可见，除了户籍因素影响外，多层次、选择性教育需求是这部分家庭子女教育支出压力较大的主要原因。但对于不同学段而言，造成家庭教育支出压力较大的原因既有相似之处，例如子女参加课外辅导班或培训班带来的费用负担；也存在差异，例如子女就读民办学校带来的费用负担在学前阶段更为突出。

（二）不同学段、城乡之间的子女教育支出差异明显

从全年子女教育总支出情况来看，有57.4%的家庭超过5000元，有29.9%的超过1万元，更有10.1%的超过2万元。

分学段来看，高中及以上的教育总支出超过1万元的占比最高，从低到高依次为高中39.1%、中职41.2%、高职55.7%、本科及以上66.1%。高中以下的教育总支出在5000元以下的占比最高，从低到高依次为学前48.8%、初中49.7%、小学60.1%。

需要指出的是，虽然国家已逐步实现义务教育阶段学杂费全面免除，但因择校费、课外辅导或培训班费以及“撤点并校”后不得不陪读而产生费用等类似支出仍然给家庭带来不小的经济负担。从入户问卷调查情况来看，子女处于义务教育阶段的家庭，教育总支出超过5000元的占到43.7%，超过1万元的也占到19.1%，更有5.9%的家庭超过2万元。

分城乡来看，城区的教育总支出超过1万元的占比最高，达到37.0%，而镇区、乡村的分别为27.0%和25.5%；教育总支出在5000元以下的占比，镇区、乡村的相对较高，分别为48.1%和48.4%，而城区的为32.1%。

三、多层次、选择性教育需求较为强烈，既有合理因素，也有不合理因素

（一）少数家庭通过在学校周边租房[①]或购置学区房获得优质教育资源

从入户问卷调查情况来看，为了陪子女上学，在学校周边租房的家庭共计296个，占比为6.7%；为了子女能够上好的学校，购置学区房的家庭共计106个，占比为2.2%。

从在学校周边租房的费用来看，超过2000元的占到71.9%，超过5000元的也占到39.7%，更有15.4%的超过1万元。分学段来看，高中的占比最高，为9.5%，其他依次为小学8.5%、初中6.6%和学前6.5%。分城乡来看，乡村的占比最高，为8.7%，城区、镇区的分别为5.3%和5.4%，这在一定程度上是与“撤点并校”分不开的。

从购置学区房的费用来看，超过30万元的占到55.9%，超过50万元的也占到36.3%，更有10.8%的超过100万元。

（二）基础教育阶段参加课外辅导或培训班情况较为普遍

从入户问卷调查情况来看，子女参加课外辅导或培训班的家庭共计1019个且主要集中在基础教育阶段（949个），占比为23.4%。分学段来看，初中的占比最高，为31.1%，其他依次为小学30.3%、高中28.0%、

① 之所以在学校周边租房，有些家庭是为了子女能够获得优质教育资源，但也有部分家庭是出于“撤点并校”后不得不陪读的考虑。本文对此并未做详细区分。

学前15.7%。

从每周去课外辅导或培训班的总时长来看，平均为6.11小时。其中，小学为6.62小时，初中5.84小时，高中5.80小时。值得注意的是，学前阶段也达到5.11小时。从参加课外辅导或培训班的全年总支出来看，超过5000元的占到27.4%，超过1万元的也占到9.3%，更有2.6%的超过2万元。从参加课外辅导或培训班的途径来看，经学校或老师推荐的共有302个，占比为29.6%。

（三）现有的小学及以上公办教育资源较为充足，基本能够满足城乡居民子女教育需求，民办教育主要集中在学前阶段

从入户问卷调查情况来看，子女就读民办学校的共计796个，占比为18.0%。分学段来看，子女就读民办园的占比较高（54.2%），超过就读公办园的（45.8%）；而其他学段则主要是以选择公办学校为主，选择民办学校的占比从低到高依次为本科及以上7.9%、小学10.5%、高中10.8%、初中12.3%、中职18.4%、高职19.6%。

分城乡来看，子女就读民办学校占比最高的区域，超过最低的近7个百分点。其中，城区的占比最高，为21.3%；其次为乡村的，占比为17.3%；而镇区的这一占比相对较低，为14.5%。分户籍来看，本地户籍人口的子女就读民办学校占比为80.2%，远高于非本地户籍人口的这一占比（19.8%）。其中，本市（县）农业户口的这一占比最高，为51.9%；省内非本市（县）非农业户口的最低，为1.5%。其他从高到低依次为本市（县）非农业户口28.3%、外省农业户口12.6%、省内非本市（县）农业户口4.0%、外省非农业户口1.8%。分收入来看，家庭年收入在“3万~5万元”的被访者，子女就读民办学校占比最高，为24.4%；家庭年收入在“25万~50万元”的被访者这一占比最低，为

1.6%。其他从高到低依次为“1万~3万元”22%、“5万~8万元”20.9%、“8万~10万元”12.7%、“10万~15万元”10.2%、“15万~25万元”4.3%、“1万元以下”4%。

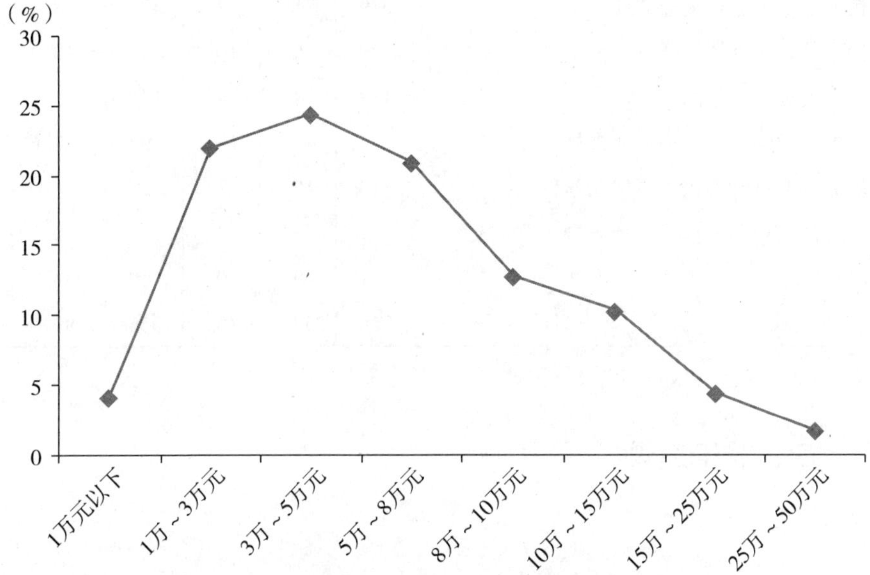

图6 不同家庭年收入的被访者子女就读民办学校的占比

可见，子女就读民办学校的主要是本地户籍的中低收入家庭，且主要集中在学前阶段。从选择民办学校的理由来看，“民办的离家近，交通方便”是最主要的原因，占比为28.1%，“因不符合条件（如证件不齐）无法进入公办的”、“公办的资源紧缺，学位不足”和“民办的教学质量高”分列二、三、四位，占比依次为16.5%、15.9%和13.7%。从首选理由来看，排在前四位的依然是上述四项，占比依次为31.1%、22.0%、16.3%和15.4%。

表2 选择民办学校的理由

	第一位	第二位	第三位	合计	占比(%)
不符合条件（如证件不齐）无法进入公办的	169	6	1	176	16.5
公办的资源紧缺，学位不足	125	43	2	170	15.9
民办的离家近，交通方便	239	54	7	300	28.1
民办的入学手续简便	39	56	14	109	10.2
民办的教学质量高	118	24	4	146	13.7
民办的教学方式更加灵活多样	36	43	13	92	8.6
民办的升学时能进入更好的学校	10	15	3	28	2.6
民办的更有利于孩子以后出国	1	2	2	5	0.5
其他	31	9	0	40	3.8
合计	768	252	46	1066	99.9

四、若干建议

（一）高度重视教育民生问题，进一步提高人民群众对教育的满意度

随着经济社会发展和国情深刻变化，我国教育事业发展也呈现出新的阶段性特征，教育保障能力显著增强，财政对教育的投入不断加大，“有学上”的问题已基本解决，正在向“上好学”的方向发展；而且，随着收入水平提高，人民群众对高质量、多样化教育的期盼越来越高，对子女教育的关注和重视程度也越来越高。因此，应进一步加快推进教育事业改革和发展，努力提高教育质量，大力促进教育公平，及时回应群众需求，努力办好让人民满意的教育。

（二）均衡发展义务教育，严格执行就近入学原则，推进基本公共教育服务均等化

围绕教师轮岗、财力均等和学生资源均等三方面建立完善的配套制度，推进义务教育均衡发展。按照《义务教育法》要求，严格执行划片就近入学政策，切实减轻家庭因择校而来的教育支出压力。消除择校现象，从根本上说，仍在于加快推进义务教育学校标准化建设，在区域内均衡配置教师、设备、图书、校舍、生源等资源，努力缩小校际差距，推进基本公共教育服务均等化。鉴于“两基达标”只是基本解决了中小学的校舍问题，下一步应继续加大公用经费向偏远地区、农村地区的倾斜力度，按照“缩差距、抬底部、补短板”的原则，合理选择财政教育投入的方向、力度和重点，建立满足基本公共教育服务均等化需要的公共财政体制和分配方式。此外，在合理配置教育资源的基础上，还要改进农村学校和薄弱学校管理，提升教师教学水平，发挥每一位校长教师的积极性，引导和帮助学校提高教育教学质量，走内涵式发展道路，促进学生成长，实现真正的均衡发展。

与此同时，必须坚持方便学生就近入学的原则，进一步做好农村义务教育学校布局以及完善相关配套制度，特别是因地制宜保留并办好村小学和教学点。针对因不合理的布局调整造成的农村学生上学路程普遍变远、上学交通安全存在隐患、寄宿制学校办学条件不到位和留守儿童教育等新问题，要切实办好教学点，保障低年级小学生就近入学，在条件成熟的小学高年级段和初中阶段适度开展农村寄宿制学校建设，建立寄宿学生月假、半月假制度，完善公共交通服务体系。

（三）采取有效措施，切实保障进城务工人员随迁子女基本享受平等接受义务教育的权利

落实地方“两为主”责任，降低入学条件。一方面，需要通过增加公办学校供给、简化公办学校准入条件、规范公办学校的管理和收费来完善以公办学校为主的政策，扩大公办学校接收进城务工人员随迁子女的数量，增加这一群体平等接受义务教育的机会。另一方面，也可通过政府购买学位的方式，对符合条件（即质量、安全等达到相关标准）、吸纳进城务工人员随迁子女的民办学校予以补贴及相关政策优惠，防止公办学校扩张可能带来的资源浪费；同时，积极通过加大投入等措施帮助此类民办学校改善办学条件，并通过开展教师培训、共同开展教研等多种途径帮助其提高教育质量。此外，考虑到进城务工人员随迁子女的流动类型，以及政策执行的难易程度，先解决省内流动（含县市域范围）的这一群体在流入地同等享受普通高中教育（以及参加高考），同时，在个别城市解决跨省流动的随迁子女同等享受普通高中教育的问题。

切实保障进城务工人员随迁子女基本享受平等接受义务教育的权利，破解“两为主”政策执行过程中的财政困局，最关键的仍在于理顺中央与地方、地方政府之间财政分权关系，提高中央和省级政府在教育支出中的分担比例，特别是义务教育支出分担比例。一方面，充分利用已初步建立的全国联网的中小学学籍管理信息网络、公安部身份认证、税务社保等系统，准确把握进城务工人员随迁子女的区域流动情况；另一方面，充分借鉴安徽省义务教育阶段电子教育券的做法，先实现省内流动的生均公用经费“钱随人走”，再稳步实现跨省流动的“钱随人走”。从长远来看，实现义务教育生均教育事业费“钱随人走”应是未来的改革方向。

（四）合理引导校外教育需求，切实减轻学生负担

为了真正达到教育减负的目的，必须转变学校及家长的教育观念。一方面，要加快推进教育教学质量评价、考试招生制度等相关改革，及时研究解决改革中遇到的新情况、新问题，认真总结各地经验，调整、完善相关政策措施；另一方面，要加强家长与学校的沟通配合，引导家长树立正确的教育观念，合理安排学生课外学习活动，切实减轻学生负担，进而也减轻家长经济负担。

同时，还要规范各类社会补习机构和教辅市场，特别是进一步加大对教师参与举办校外文化课补习行为的专项治理。首先，按照审批程序和设置标准，规范社会补习机构的审批登记；其次，加强对此类机构的日常考核与监管；第三，引导其提供更加符合素质教育要求的校外教育服务。

（五）在非义务教育阶段，鼓励民办教育发展，增强教育选择性

义务教育阶段，必须坚持政府办学为主体；在非义务教育阶段，应大力鼓励支持民办教育发展，引导民办教育提供多层次、多样化的教育服务，增强教育选择性。考虑到我国现有的小学及以上公办教育资源较为充足，这些学段也不宜盲目发展民办教育，特别是那些缺乏特色、与公办学校雷同的民办学校。鉴于教育事业发展必须坚持的公益属性以及世界各国的经验、教训，民办教育的发展方向应该明确为鼓励和引导社会力量重点兴办公益性教育事业。针对民办园占比过高的现状，以及学前阶段兼有保育和教育的双重任务，加之“入园难、入园贵”问题仍未得到有效缓解，应在继续增加公办园数量、提高公办园占比的同时，鼓

励和引导民办园提供普惠性学前教育服务。

考虑到不同学段的特殊性，高中及以上将是未来民办教育发展的重点领域。总体来说，义务教育阶段应以公办学校以及部分非营利性民办学校为主体，给营利性民办学校留有的发展空间有限，即便有，也是发挥其在提供多样化、个性化需求方面的作用。而且，针对不同类型的民办学校（或幼儿园），公共财政的投入范围和重点，以及具体的管理办法、措施和扶持政策等也需要加以明确①。这也是一些教育发达国家比较成熟的经验，是国际上管理民办教育的通行做法。

① 例如，在法人属性上，营利性民办学校是企业单位，非营利性民办学校是民办非企业单位，考虑到民政部民间组织管理局正在修法（已列入人大立法议程），方向是将最接近国际上非营利性机构概念的民办非企业单位明确为非营利性机构，非营利性民办学校的法人属性将更加明确；在教师身份上，随着《机关事业单位养老保险改革决定》的颁布，机关事业单位与企业单位养老保险在制度上实现并轨，同时政府要正确履行教育行业管理职能，继续推动落实民办学校教师在职称评定、工龄计算等方面享受与公办学校教师同等待遇，民办学校与公办教师的身份界限将逐步打破；在税收优惠上，根据营利性和非营利性民办学校的不同属性，按照《企业所得税法》《公益事业捐赠法》《民间非营利组织会计制度》等分别执行；在财政资助上，仍可采取政府购买服务、学生资助、财政奖补等方式统筹解决，继续推动落实民办学校学生在升学、国家助学贷款、国家奖学金、生活困难补助、就业等方面与公办学校学生享有同等权利。